현직 교사가 학부모에게 드리는 글

자녀교육
사랑만으로는 부족해요

윤화중

유초중등 자녀를 둔 부모들의 필독서!
자녀이해를 바탕으로 한 자녀교육 지침서!
사랑이 넘치는 자녀교육 이야기!

책머리에

교육자로서의 길

28년의 세월은

하나의 교육 이론을 정립하기에는 너무나 부족한 시간입니다.

그러나 그 28년의 세월은 교육 현장에서의 다양한 경험들을 자녀 교육이라는 하나의 울타리로 묶어 내기에는 충분한 시간일 수도 있습니다.

28년 전 첫 걸음마를 시작으로 아이들과 함께 뒹굴고, 동료교사들과 교육 경험을 함께 나누며, 학부모님들과 아이 문제로 함께 걱정하면서 그 긴 세월만큼이나 많은 경험들이 쌓였습니다.

이제 그 28년의 작은 단편들을 모아 **'현직교사가 학부모에게 드리는 글'**이라는 美名을 빌려 자녀 교육에 대한 생각을 정리해 보았습니다.

이 책은 교육전문서가 아닙니다. 또한 자녀교육에 관한 체계화된 이론서도 아닙니다. 다만, 적지 않은 세월 교육자의 길에서 보고 듣고 느끼고 경험한 단편들의 모음일 뿐입니다.

이렇듯 하찮은 모음일지라도 감히 학부모님들 앞에 선보이는 것은 아마도 자녀 교육이나 자녀 사랑에 관한 한 이론보다는 경험이 도움이 될 수 있지 않나 하는 그 긴 세월에서 터득한 교육관 때문인지도 모릅니다.

부디 학부모님들께서는 하나를 보고 열을 헤아리는 지혜로 저의 보잘것없는 경험과 생각이라도 자녀 이해의 동기유발이 되고 나아가 자녀교육의 초석이 되었으면 하는 바람입니다.

저자 윤화중

목 차

책머리에 / 2
엄마, 아이 노릇 너무 힘들어요! / 12
사랑하는 아이에게 / 14

훈육편

1. 사랑의 매
    할아버지의 꿀밤 / 18
    꿀밤의 교훈 / 22
    사랑의 매 / 24

2. 대드는 아이
    아니 우리 애가? / 28
    부모에게 대드는 아이 / 32
    아이가 욕을 한다고요? / 36

3. 잔소리

    엄마, 잔소리 좀 그만해요 / 42

    이 녀석아, 엄만 할 말 없는 줄 알아? / 44

    잔소리가 아이의 행동을 고칠 수 있을까? / 46

4. 아이의 자신감

    아이가 자신감이 없어요 / 52

    자신감이 없는 아이는? / 56

5. 나쁜 버릇 고치기

    싸움 대장의 무참한 패배 / 62

    자녀의 나쁜 습관 고치기 / 66

    아이들은 싸우면서 큰다고요? 72

목 차

자녀와의 대화

6. 창의적인 아이로 키우는 대화
우리 아이는 천재여! / 78
꼬리를 잇는 질문 / 80
창의력을 기르는 부모의 대화 / 84

7. 대화의 기술
저희를 사랑한다고요? / 90
'나 전달법'을 습관화한다 / 96
대화기술의 첫 번째는 잘 듣는 것이다 / 98

대인관계

8. 왕따 이유가 있다
자랑스러운 종석이 어머니 / 102
왕따 이유가 있다 / 108
친구가 괴롭힌다고 하소연하는 아이 / 112
친구들에게 환영받는 아이와 환영받지 못하는 아이 / 116

9. N.Q
혼자 노는 아이 / 120
인간관계 지수(N.Q) / 122
부모로부터 배우는 우정 / 124
친구가 없어요 / 128

목 차

10. 독서 지도
    아이가 독후감을 쓰지 않아요? / 132
    왜 최근에 독서교육이 강조되는가? / 136
    책을 읽지 않는 아이 이유가 있다 / 140
    어떤 책을 읽게 할 것인가 / 146

11. 경제 교육
    세뱃돈과 용돈 기입장 / 150
    우리의 아이들은 어떠한가 / 152
    용돈은 스스로 벌게 하라 / 156
    우리 아이 경제 교육 어떻게 할까? / 160

12. 학습 지도

　　사랑하는 아이들아! / 168
　　스스로 공부하게 하려면 / 170
　　우등생이 되는 공부 습관 / 176
　　우등생을 만드는 부모의 역할 / 180

13. 건강 생활

　　뚱보 명훈이 / 184
　　비만의 원인은 식생활과 운동 부족 / 188
　　자녀와 함께 하는 등산 / 192

목 차

14. 정보화와 인터넷
애물단지 / 198
정보화 시대, 부모들의 기대 / 200
인터넷은 유익한가 / 202
인터넷 중독의 예방 / 204
딸을 둔 부모들에게 / 206

15. 교육 단상
선생님을 깔보면 내가 돋보이는가? / 210
놀이 문화 바뀌어야 합니다 / 214
가족애가 넘친다 / 218
아이는 부모의 조형물이 아닙니다 / 222

부록

'주 5일 수업제' 아이에겐 기회입니다 / 226
1. 나의 발견 / 227
2. 사랑하는 가족 / 228
3. 자연 속에서 / 229
4. 더불어 사는 세상 / 230
5. 동심의 세계 / 231
6. 다양한 독서 후 활동 / 232
7. 자기 주도적 학습력을 키우는 조사학습 / 233
8. 재미있는 실습 / 234
9. 의미 있는 수집활동 / 235
10. 직접 보고 배웁니다 / 236
11. 만드는 즐거움 / 237
12. '사이버 가정학습'을 적극 활용합니다 / 238

엄마,
아이 노릇 너무 힘들어요!

제가 하는 일이 뭐 있냐고요?
놀기만 하는데…
학교에 가서도 놀고, 학원에 가서도 놀고, 집에 와서도 놀고…
노는 게 뭐가 힘드냐고요?

엄마,
엄마의 어린 시절을 한 번 생각해 보세요.

학교 가서 논다고요? 선생님이 놀게 내버려 둔 데요?
40분간 딱딱한 의자에 앉아서 꼼짝없이 뭔가를 해야 되는데…
지루해서 재미없어서 장난이라도 좀 치면, 재깍 선생님한테 혼나지요.
쉬는 시간 10분은 화장실 갔다 와야지요.
이렇게 학교에서 하루 여섯 시간 이상 공부해요.

그뿐인가요?
집에 와서는 숙제해야지요.
학원 가야지요.

뭐, 학원도 한 군데만 가나요? 두세 군데는 기본이잖아요?
또 영어, 수학 방문 학습도 해야지요.
학교 숙제해야지요. 학원 숙제해야지요. 학습지도 풀어야지요.

잠깐 짬이 나서 인터넷이라도 하려면, 허구한 날 인터넷만 한다고 야단치시고…, 가끔 텔레비전 앞에 앉아 있으면, 공부하라고 닥달하시고…
학교 가도 공부하라.
집에서도 공부하라.
공부, 공부, 공부… 제가 공부하는 로봇인가요?

저요, 정말 놀 시간도 없어요.
아니, 함께 놀 친구들도 없어요.
오죽하면, 빨리 어른이 되고 싶을까요?
어른이 되면 하고 싶은 것 맘껏 할 수 있잖아요?

엄마, 정말이지
아이 노릇 너무 힘들어요.

사랑하는 아이에게

사랑하는 아이들아!
아이 노릇 정말 얼마나 힘들까?

어른들,
어린 시절 다 잊어버리고
자식 잘되기만을 바라는 욕심으로
매몰차게 너희를 몰아붙였으니…
남들이 다 그러니 우리 아이 뒤처질까봐,
아니, 좀더 앞서가려고 안절부절 했으니,
그동안
우리 아이 얼마나 힘들었을까?

그래,
진정한 자녀사랑이란
바로 너희를 제대로 아는 것이 그 첫걸음인데…
어른들의 잣대로,
어른들의 욕심까지 덧붙인다면
조각품의 재질도 모르고 조각한다고 덤비는 것과
무엇이 다르랴?

그래,
이제라도 어른들은
너희의 입장도 되어보고
너희의 말에도 귀 기울이면서
부모의 진정한 사랑도 듬뿍 담으면

우리 아이,
반듯한 아이로 거듭나겠지.

그래,
아이를 바로 잡기 전에
어른이 먼저 변하면

우리 아이
기본이 바로 선
뿌리가 깊은 나무가 되어
세상 그 어떤 상황에서도
우뚝한 꿈나무가 되어
세상의 빛을 밝히는 등불이 되겠지.

자녀를 가진 부모는
누구나 좋은 부모가 되기를 원합니다.
그러나 좋은 부모가 되는 것은 결코 쉽지 않습니다.
좋은 부모가 되기 위한 일차적인 조건은
'좋은 부모는 누구나 쉽게 되는 것이 아니라는 것'
을 인식하는 것입니다.

훈육편

1. 사랑의 매

할아버지와 꿀밤
• 꿀밤의 교훈
• 사랑의 매

할아버지의 꿀밤

요즘 명진이는 할아버지에게 바둑을 배우고 있다.
저녁 식사 후 바둑판을 사이에 두고 어김없이 할아버지와 손자간의 입씨름이 벌어진다.

명진이가 이제 바둑을 배운지 얼마 안 됐으니 까맣게 열 몇 점씩이나 깔고 두지만 아직은 할아버지를 이길 수가 없다.

바둑판이 벌어지면 늘 되풀이되는 일이지만 오늘도 명진이는 한 점만 물려 달라고 조르고 또 조른다.
"할아버지, 요거 한 점만 물려 줘요?"
"이 녀석아, 아까도 물렸잖아?"
"요번 한번 만이요…. 이제 안 물릴게요."
"알았어. 딱 이번 한 번 만이다."

그러나 얼마 못 가서 또 물려달라고 난리다.
"어. 언제 이렇게 됐지? 할아버지가 두 개 놨지요?"
"원 녀석도. 할아버지가 설마 손자 이기려고 두 개를 놓냐?"
"근데, 왜 내께 죽었지? 할아버지, 이번엔 진짜루 한 번 만 요거 물려 줘요? 할아버지, 명진이 이쁘잖아요?"
사내 녀석이 갖은 애교를 다 떤다.
"이 녀석아, 그러니 잘 생각해서 둬야지."
할아버지는 바둑을 물려주면서 명진이에게 꿀밤을 한 대 먹이신다.

바둑을 두다보면 어김없이 명진이는 물러 달라고 떼를 쓰고, 그러다 보면 한 수 물러주는 대신 할아버지에게 꿀밤을 한 대씩 맞게 된다. 이런 모습을 지켜보는 명진 엄마는 영 마음이 편치 않다.

바둑 두는 거야 머리가 좋아진다니 말릴 맘은 없지만 명진이가 꿀밤을 맞을 때는 속이 상한다.

'아니, 아버님은 왜 애 머리 나빠지게 머리를 꼭 쥐어박으실까?'

그렇다고 시아버지한테 애 꿀밤 때리지 말라고 할 수도 없지 않은가? 오늘 저녁엔 명진 아빠한테 꿀밤 얘기해서 '애 머리 쥐어박지 말라고 말씀드리라고 해야지'하고 벼르고 있었다.

저녁 늦게 명진 아빠가 들어 왔다.
몸을 씻고 방에 들어 온 명진 아빠한테 명진 엄마 한 마디 했다.
"명진 아빠."
"왜?"
"요새 명진이 아버님하고 매일 바둑 두잖아요?"
"응…. 그래 그 녀석 바둑이 재밌나 보지? 싫다고 안하고 바둑을 열심히 배우네…. 근데, 왜?"
"근데요, 아버님이 명진이가 물러달란다고 자꾸 꿀밤을 때려요. 처음 배우는 애가 못하는 건 당연한데, 왜 애 머리 나빠지라고 매일 머리를 쥐어박으시는지…."
"어허, 그놈 매일 꿀밤을 먹어. 그놈 맛있겠네…."
명진 아빠는 대수롭지 않게 웃어넘긴다.

"웃을 일이 아니에요. 꿀밤을 자꾸 때리면 애 머리가 나빠진다잖아요. 그러니, 당신이 아버님께 애 머리 때리지 말라고 말씀 좀 드려요."
 명진 아빠는 어이없다는 듯 한참 명진 엄마를 쳐다보더니 한마디 했다.

"꿀밤을 맞으면 애 머리가 나빠진다고? 누가 그런 터무니없는 말을 해…. 내참, 할아버지가 손자 놈 귀여워서 꿀밤 한 대 준 것 갖고…."

 명준 엄마는 갑자기 샐쭉해진다.
 '에이, 그 아버지에 그 아들이라더니….'

꿀밤의 교훈

국립국어 연구원 발행 표준어 국어 대사전에서는 '꿀밤'이란 '주먹 끝으로 가볍게 머리를 때리는 짓'으로 정의하고 있습니다.

머리는 두뇌를 보호하고 있는 인체에서 가장 소중한 신체부위이며, 으뜸이라는 상징적 의미도 지니고 있지요. 그래서인지, 대견스러울 땐 머리를 쓰다듬어 주고, 멋쩍을 땐 머리를 긁적이게 되며, 작은 실수나 잘못을 깨우쳐 주기 위해서는 꿀밤을 주기도 합니다.

꿀밤과 비슷한 행위로는 '머리 쥐어박기'가 있지요.

이 두 행위는 가해자의 감정에 따라 구별됩니다.

꿀밤은 사랑과 애정이 담긴 애교적인 가벼운 체벌이지만, 머리 쥐어박기는 격한 분노 또는 실망의 감정이 담긴 체벌이지요.

꿀밤의 정확한 어원은 모르겠지만, 꿀밤이라는 언어에서 우리 조상들의 슬기를 엿볼 수 있게 합니다. 꿀밤은 맛있고 달콤한 것의 대명사인 꿀과 영양가 많고 고소한 밤의 합성어입니다. 그야말로 달콤하고 맛있고 고소하고 영양가 많은 꿀과 밤의 합성어를 왜 하필이면 아이들의 소중한 머리를 쥐어박는 행위에 이름 붙였을까?

'꿀밤'은 그야말로 자녀교육의 꿀과 밤이 된다고 생각한 것은 아니었을까?

꿀밤은 아이들의 가벼운 잘못이나 실수 등을 깨우쳐 주기 위해 머리에 가하는 가벼운 체벌입니다.

머리는 두뇌를 보호하고 있는 소중한 신체 부위이기 때문에 가벼운 체벌이라도 함부로 충격을 주는 체벌을 가해서는 안 되지요.

그런 위험 요소가 있는 행위임에도 자칫 미화하듯 꿀밤이라는 이름이 주어진 것은 그 행위로 인하여 얻어지는 교육 효과가 더 크다고 생각했기 때문이 아니었을까?

꿀밤이라는 행위 자체를 권장하고자 하는 것은 아닙니다. 꿀밤의 어원에 담긴 조상들의 슬기로움을 이해하자는 것이지요.

꿀과 밤의 합성어인 '꿀밤'이 주는 가장 큰 교훈은 자녀들의 실수나 잘못을 깨우칠 때 정과 사랑을 담으면, 비록 중요한 부위에 가하는 신체적 고통을 수반하는 체벌이라도 아이에게는 꿀과 밤이 된다는 교육에 대한 조상들의 슬기로움이랍니다.

사랑의 매

매는 신체적 고통을 주기 위해 가하는 체벌입니다.

체벌의 교육적 효과나 체벌의 적정한 강도에 대해서는 끊임없는 논란의 대상이 되어 왔지요. 그러나 동서고금을 막론하고 매가 자녀교육의 효과적인 한 수단이었음은 부정할 수가 없습니다.

이런 사회적인 논란 속에 등장한 신조어가 '사랑의 매'이지요. 체벌의 강도와 체벌을 가하는 목적이 순수하게 교육적이었는가를 판단하여 어느 정도의 체벌을 인정하려는 사회적 표현입니다.

아이들은 왕성한 성장욕구와 미성숙 단계의 특성으로 인해 끊임없는 시행착오로 잘못과 실수를 저지르게 됩니다. 이러한 잘못과 실수에 대해 언어적 훈계만으로는 그 효과를 기대하기 어려운 경우가 있지요. 더구나 같은 잘못을 되풀이한다거나, 언어적 훈계에 익숙해져 버린 아이들에게는 공염불이 될 훈계보다는 따끔한 매가 효과적일 수 있겠지요.

자녀에게 사랑의 매로서 체벌을 가하는 어떠한 경우라도 부모는 아이에게 매를 맞아야 하는 정당한 이유를 설명하여 이를 이해시켜야 합니다. 물론 아이에게 충분한 변명의 기회가 주어져야 하며, 변명의 여지가 없이 수용할 때까지 인내를 갖고 이해를 시켜야 하지요.

혹, 어떤 부모는 매가 우선되고, 후에 아이를 달래기 위해 잘못을 이해시키기도 하는데, 어떤 경우라도 매 이전에 그 이유를 납득할 수 있게 하여야 합니다. 잘못된 행위 즉시 순간적으로 매를 가하여 같은 행위를 줄일 수는 있겠지요. 그러나 이것은 옳고 그름의 판단의지가 결여된 매에 대한 반사적 행동일 뿐입니다. 아이는 매에 대한 두려움으로 똑같은 행위는 자제하겠지만 부모에 대한 두려움, 반감, 불신은 더욱 커질 것입니다.

이와는 반대로 아이가 자신의 잘못과 매를 맞아야 하는 상황을 이해하면서 신체적 고통이 주어진다면 똑같은 행위는 물론 유사한 행위에 대해서도 옳고 그름을 판단할 수 있는 능력을 갖게 되겠지요. 또한 '손바닥 세 대, 종아리 두 대… 등' 잘못의 경중을 판단하여 매의 강도도 자녀와 함께 합의한다면 부모에 대한 신뢰와 함께 매의 효과는 배가 될 것입니다.

그러나 아무리 좋은 방법이라도 자주 사용해서는 안 됩니다.

아이는
부모의 사랑을 먹고 자랍니다.
이 세상에
'아이의 머리가 아닌 가슴으로
부모의 사랑을 느끼게 하는 것'보다
더 좋은 양식은 없습니다.

훈육편

2. 대드는 아이

아니 우리 애가?
- 부모에게 대드는 아이
- 아이가 욕을 한다고요?

아니. 우리 애가?

오늘은 정말이지 어이가 없어 살맛도 안 난다.
아니, 큰애가 몇 살이나 됐다고 엄마한테 대든단 말이냐?
이제 겨우 5학년인데….

가끔 친구들 아이가 머리 컸다고 대들더라는 말을 듣기는 했어도 우리 아이는 절대 부모에게 대들지 않을 거라 믿어 왔는데….

저녁 시간이 되어 막 주방으로 들어가려는 순간에 갑자기 애들 방에서 작은애의 자지러지는 울음소리가 들렸다. '이 자식들 또 싸우잖아?' 하며 애들 방문을 열었다. 참 가관도 아니네. 두 놈 컴퓨터 앞에서 서로 엉켜서 싸우고 있는 게 아닌가?

"컴퓨터가 형 거야? 왜 형만 해?"
작은애가 징징거리며 형에게 대든다.
"얌마, 나 지금 노는 거 아냐. 숙제하고 있잖아."
내가 문을 열었는데도 상관 않고 싸운다.
"그래도 형이 한 시간만 한다고 했잖아? 여태껏 게임하다가 왜 갑자기 숙제한다고 그래?"
"내가 언제 게임만 했냐?"
"내가 다 봤단 말이야."
"니가 뭘 봐."
큰놈이 작은애 머리를 쥐어박는다.
다급해진 나는 한마디 했다.
"아니, 동생을 왜 때리니?"

그제서야 내 존재를 확인하고는 퉁명스럽게 한마디 한다.

"아니, 나 숙제하는데 와서 땡깡 부리잖아요…."

"그렇다고 꼭 때려야 하니? 그것도 애 머리를…."

큰애가 컴퓨터 의자에서 벌떡 일어나더니 소리를 지른다.

"엄만, 왜 나만 뭐라 그래…. 아니, 잘못은 저 ○○이 했는데 왜 나만 갖고 그래?"

아니, 저 놈이 웬 소리를 빽빽 지른다냐?

눈을 똥그랗게 뜨고 따지듯이…

"동생을 때리니까 그렇지. 말로 조용히 타이르던가…. 좀 양보하던가…. 네가 형이잖아?"

"아니, 엄마는 늘 큰놈은 무조건 동생한테 양보하라지만 그런 법이 어디 있어? 그리고 쟤가 말로 타이르면 어디 들어요? 그리고 아프게 때린 것도 아니고 살짝 건드린 건데…."

이 녀석 어이가 없네. 뭘 잘했다고 소리를 지르냐?

"엄마가 동생을 때리지 말라고 하면, '안 때릴게요' 하면 되지 뭔 말이 그리 많아?"

"엄마는 무조건 동생 편만 들잖아요."

작은 녀석은 큰소리가 나니까 저만치 물러나 구석에서 눈치를 보고 있다. 갑자기 신경질이 났다.

"그래, 너희들 맨날 컴퓨터 때문에 싸우지…. 누가 매일 게임이나 하다 싸움질하라고 컴퓨터 사 줬냐? 나도 이젠 더 못 참어…. 인터넷

선 끊어 버릴 테니까 싸우든 말든 알아서 해."
그러면서 신경질적으로 인터넷 선을 확 뽑아 버렸다.
큰애가 소리를 빽 지른다.
"엄마, 나 숙제해야 된다니까."
"뭔 숙젠데 꼭 인터넷으로 해야 되냐? 알았어, 내가 내일 선생님한테 인터넷이 망가졌다고 전화해 줄 테니까 염려 말아."

그렇게 화가 나서 나오는대로 내뱉고는 아이들 방을 나왔다.
근데, 이게 웬일이야? 큰 놈이 내 등 뒤에서 소리를 지르는데….
아니, 이놈 정신이 어떻게 된 거 아냐?
저런 쌍욕을 다 하네… 지 엄마한테….
"에이, ××!"
그러면서 컴퓨터 의자를 발길로 뻥 차는 게 아닌가?

'아니, 이놈을 그냥!'
다시 들어가 한 대 쥐어박고 싶었지만, 못 들은 척하고 주방으로 돌아 왔다.
그런데 내내 이 놈이 두 눈을 똥그랗게 뜨고 대들던 모습과 '에이, ××!' 하고 욕하는 소리가 떠오른다.
아니 우리 애가 저렇게 못된 아이였단 말인가?

부모에게 대드는 아이

어느 날 갑자기 착하기만 하던 아이가 부모에게 대든다.

순하고 착하기만 했던 아이가 갑자기 말대꾸를 하며 대든다면 부모들은 당황하기 마련이며, 한편 서운할 것입니다.

그러나 너무 걱정하지 않아도 됩니다.

요즘 아이들이 친구들과 주고받는 말 중에 항간에 떠도는 말이 있지요. 초등학교 고학년이나 중학교 저학년 아이들은 '나, 오늘 엄마와 싸웠다'라고 하고 중학교 고학년 이상은 '나, 오늘 엄마 혼내 줬다'라고 한다고 합니다.

싸운다는 것은 대등한 존재 위치를 말하고, 혼내 줬다는 것은 자신의 자아가 이미 부모를 넘어섰다는 암시적 표현입니다. 그렇다고 부모를 무시한다는 것은 아니고 자신의 자아세계에서만은 자기 자신을 자신이 부모보다 월등히 잘 이해하고 있다는 자신감의 표현이지요.

이러한 경향은 청소년기의 누구나 거치는 제2의 자아형성기의 특성으로서 지나치게 반감을 갖고 반응하기보다는 자아성장의 징표로서 다행하게 생각하고 너그럽게 대응해야 합니다.

아이들과의 대화 중에 대든다거나 말대꾸하게 되는 대화의 주제는 아이들 자신과 관련이 있을 때 뿐입니다.

자신과 관련되지 않은 가정 및 사회의 수많은 대화 소재는 아이들에게는 관심 밖의 일이고, 설사 관심 및 대화의 주제가 되더라도 무모하게 부모에게 대들만큼 큰 비중을 갖지 못하지요. 아이들은 오직 자신과 관계된 문제에서 자신의 견해나 자신의 이익을 지키기 위한 강한 표현이 경험 부족과 서툰 자기표현 방식으로서 대드는 행동으로 표현될 뿐입니다.

이는 나이가 들고 사회성이 길러지면 자연히 치유되는 한시적인 경향이므로 너무 부도덕하다고 몰아붙이지 말아야 합니다.

그러므로 아이가 대들기 시즈했다면 도덕적으로 대드는 행위만을 나무라기 전에 대드는 행위의 원인을 먼저 생각하고, 아이의 입장에서 생각하면서 그 불만요소를 제거해 준 후에 올바른 항변의 방법을 제시해 주어야 합니다.

아이들은 성장하면서 부모에게 끊임없이 자신의 욕구 충족을 위해 많은 것을 요구하게 됩니다.

이러한 모든 요구를 다 들어 줄 수는 없는 일이기에 부모와 아이 간에 갈등이 생길 수밖에 없지요.

이러한 과정에서 유아기에는 떼쓰는 것으로, 청소년기에는 조금 성숙한 형태로 나타나는 것이 대드는 것이지요.

말대꾸나 대드는 것은 아이로서는 미숙하나마 대화의 한 형태이며 나름대로는 자신의 논리가 형성되었음을 뜻합니다.

이러한 아이 나름으로는 이유 있는 항변이 부모로부터 무시되거나 죄악시되어 제지를 당하게 된다면 아이는 큰 좌절감을 갖게 됩니다.

장난감을 사달라고 떼쓰는 아이에게 '안돼!'라는 단호한 한마디는 아이에게 큰 상실감과 좌절감을 갖게 합니다.

이런 경험의 누적이 성장하면서 아이에게 어떤 영향을 미칠까요?

이런 경우 장난감을 사줄 수 없는 사정을 이해시키는 것만으로도 아이는 장난감을 사준 만큼의 보상을 받는다고 합니다.

마찬가지로 대드는 아이의 행동만을 나무랄 것이 아니라 아이의 입장을 생각해 보고, 아이에게는 부모의 입장을 생각해 보게 함으로써 함께 서로를 이해하도록 대화를 유도한다면 아이의 대드는 행동은 빠르게 사라질 것입니다.

부모로서 아이와의 갈등이 생긴다면 서로의 입장을 이해하면서 모두가 Win-Win 할 수 있는 갈등 해소의 방법을 길러줄 수 있는 기회로 삼아야 합니다.

아마도 자신의 논리가 막 형성되어 가는, 대들고 말대꾸하는 시기가 원만한 갈등 해소 방법을 가르칠 수 있는 적절한 기회가 될 것입니다.

아이가 욕을 한다고요?

버스나 전철 안에서 십대 아이들끼리 하는 말을 듣다 보면 말의 절반이 욕이나 터무니없는 신조어들입니다.

이렇듯 공공장소에서 아이들의 욕을 공공연하게 듣게 된 것은 어제 오늘 일이 아니지요.

우리 애들이 왜 이렇게 욕설을 입에 담고 말이 거칠어졌단 말인가? 그 원인은 무엇일까?

우리는 흔히 욕설이 난무하는 인터넷과 욕이 새로운 문화처럼 인식되어 버린 대중문화(특히 청소년 영화)에 그 원인을 돌립니다.

결코 틀린 말이 아니지요.

그러나 인터넷이 없던 20년 전에도 지금과는 비교가 안 되겠지만 여전히 아이들은 욕을 많이 했습니다.

그렇다면, 또 다른 원인은 모방일 것입니다.

그러므로 부모 역시 그 책임을 면하기는 어렵지요.

화가 나거나 짜증이 날 때 무심코 자녀에게 욕설을 뿜어 대는 부모라면 아이가 무엇을 배울까요?

나는 평소에 욕을 잘 안 한다고 믿는 부모들이라도 가족 성원이 아닌 제 3자를 비난할 때 무심코 욕을 하지 않았는지 반성해 보아야 합니다.

아이들은 왜 욕을 할까요?

유아기나 초등학교 저학년 아이들은 남들의 관심을 끌기 위해서, 혹은 재미있어서 욕을 합니다. 그러나 초등학교 고학년 이상의 아이들은 '나도 어른이 됐다. 대단한 존재가 되었다'는 우월감의 표현으로 욕을 한다고 합니다. 따라서 아이들 집단 속에서 또래끼리 욕을 하더라도 가정이나 다른 장소에서 욕을 하지 않는다면 행동 조절이 가능한 것이므로 크게 걱정하지 않아도 됩니다.

문제는 부모와 언쟁을 하면서 무의식중에 욕을 할 때이지요.

부모는 놀라서 대뜸 나무랄 겁니다.

그러나 아이는 감정이 격해 있는 상태이기 때문에 부모의 나무람에 순종하기는커녕 반발심만 더 커질 것입니다.

이 때는 아이의 감정이 가라앉은 후에 잘못을 깨우쳐 주는 여유와 인내를 가져야 합니다.

아이는 커 가면서 객관적 판단력이 생기면 욕을 하는 버릇은 자연히 치유 될 것입니다.

10대 자녀를 둔 부모들이라면, 아이들의 욕에 너무 과민하게 대응하지 말아야 합니다.

친구들과 또래 집단에서의 욕하는 모습이 당황스럽더라도 직접적으로 비난하지 말고 경우와 장소에 따라 말을 구별 할 수 있는 행동의 분별력만 길러 준다면 큰 문제가 되지 않습니다.

자녀 교육에 있어 너무 완벽함을 추구하다보면 아이의 반발심을 키워 오히려 역효과를 가져 올 수 있습니다.

아이들의 세계는 아이들의 입장에서 이해하도록 해야 하며, 작은 실수는 수용할 수 있는 관용의 마음도 필요한 것이지요.

'너무 맑은 물에는 고기가 놀지 않는다.'

아이를 키우는 부모로서 한 번 생각해 보아야 할 말이 아닐까요?

좋은 부모 헌장

좋은 부모 헌장이란 사랑하는 우리 아이들이 행복한 삶을 살 수 있도록 도와주는 부모들의 지침이다.

우리의 주위에는 우리 아이들의 자유롭고 행복한 삶을 방해하는 요소들이 너무 많다.

부모들이 자녀교육에 대한 가치관을 확립해야만 그런 방해요소들로부터 우리의 아이들을 보호해 줄 수 있다.

첫째, 좋은 부모는 아이들에게 사랑 받고 있다는 확신을 갖게 해 준다.
둘째, 좋은 부모는 아이들과 대화의 끈을 계속 유지한다.
셋째, 좋은 부모는 항상 칭찬을 아끼지 않는다.
넷째, 좋은 부모는 항상 솔직하다.
다섯째, 좋은 부모는 일의 결과보다는 과정을 중시한다.
여섯째, 좋은 부모는 아이들에게 공부하라고 하기 전에 자신이 공부를 한다.
일곱째, 좋은 부모는 자녀의 개성과 소질을 중요시한다.
여덟째, 좋은 부모는 자녀가 할 수 있는 일은 혼자 할 수 있게 해 준다.
아홉째, 좋은 부모는 더불어 사는 삶을 산다.

칭찬은 아이를 똑똑하게 만듭니다.
부모의 격려 속에서 자란 아이는
자신감을 갖게 되고,
이러한 긍정적 경험은
아이의 뇌를 건강하고 똑똑하게 합니다.

훈육편

3. 잔소리

엄마, 잔소리 좀 그만 해요
이 녀석아, 엄마는 할 말 없는 줄 알아?
• 잔소리가 아이를 변화시킬 수 있을까?

엄마, 잔소리 좀 그만해요

엄마,

엄마는 늘 내가 하는 일이 못마땅해서 나만 보면 잔소리를 하는데… 엄마 잔소리 정말 듣기 싫어요. 이젠 정말이지 지겨워요.

아니, 날마다 늦잠 잔다고 잔소리 하는데…
애들이 원래 그렇지, 제 시간에 벌떡 일어나는 애들 어디 있어요?
내 친구들도 다들 아침에 일어나기 힘들데요.
엄마는 어렸을 때 재깍재깍 잘도 일어났어요?
일어나자마자 정신도 없는데
'씻어라, 밥 먹어라, 책가방 챙겨라…'
아니, 숨 좀 돌려야 할 것 아니에요?

밥 먹을 때도 그래요.
그냥 먹고 싶은 것 먹게 내버려둬요.
'이거 먹어라, 저거 먹어라, 후루룩 소리 내지 마라.'
어디, 짜증나서 소화나 되겠어요?

저녁에도 날 보면 짜증난다고요? 컴퓨터 하지 말고 숙제하라고요? 숙제 안 하면 선생님한테 무지 혼날 텐데 설마 숙제 안 할까 봐요? 제가 알아서 다 할 텐데….

뭐 하려고 맘먹고 있는데, 꼭 그거 하라고 잔소리를 해 대니 그나마 하기 싫은 거예요. 네가 하는 일이 맘에 안 들어서 잔소리 한다고요? 엄만 어른이잖아요? 어른이 볼 때야 애들이 다 못마땅하겠지요.
엄마 말대로 알아서 척척하면, 그게 애들이에요? 어른이지….

뭐, 어른인 아빠도 가끔 엄마한테 잔소리 듣던데 아직 어린 저야 오죽하겠어요.

엄마,
제발 잔소리 좀 하지 마세요.
저 정말 엄마가 미워져요.

이 녀석아, 엄만 할 말 없는 줄 알아?

엄마가 괜히 잔소리 한다고? 아니, 이 녀석아 넌 5학년이나 된 게 뭐든 스스로 하는 게 하나도 없잖아?

아침에도 몇 번씩이나 흔들어 깨워야 일어나고, 일어나서도 제 스스로 세수조차 하지 않으면서… 그 바쁜 아침에 TV 앞에서 얼쩡거리고, 책가방도 안 챙기고…, 꼭 잔소리를 해야만 움직이잖아.

'일어나라, 세수해라, 양치질해라, 밥 먹어라, 책가방 싸라….'

난들 허구한 날 이런 잔소리 하고 싶겠냐?

아니, 하루 이틀도 아니고 바쁜 아침마다 이런 전쟁을 꼭 해야만 된단 말이냐? 그게 또 너뿐이냐?

네 동생도 똑같고, 네 아빠도 똑같고… 엄만 어쩌란 말이냐?

그래도 네가 큰놈이니까 엄마 좀 도와주면 얼마나 좋으냐?

저녁에도 마찬가지지.
학교 마치고 오면 당연히 씻어야지.
우선 숙제부터 해야지.
툭하면 동생과 싸우질 않나,
짬만 나면 컴퓨터 게임이나 하고…
TV나 보고 있고…

이거,
자식 키우는 게 아니라 상전 모시는 거다.
허구한 날 눈에 보일 때마다 챙겨 줘야 하니…
그게 상전이지.

학교 가 있을 때나 니들에게 해방되어 숨을 돌리니…
엄마, 힘들어 살 수 있겠니?

그리고,
솔직히, 너희들 커서 사람 구실이나 할 수 있을지도 걱정된단다.

잔소리가 아이의 행동을 고칠 수 있을까?

잔소리가 무엇인가?
사전 상의 용어 해설은 '듣기 싫게 늘어놓는 잔말'입니다.
아이의 바람직하지 못한 행동을 꾸짖는 것은 부모로서 당연한 일이지요. 그러나 어떤 특정한 행동이 아니라 아이의 모든 행동을 일일이 건사하면서 꾸짖는 소위 잔소리는 바람직하지 않습니다. 부모들이라고 누구나 자녀에게 잔소리를 하는 것은 아닙니다.

그럼, 잔소리를 많이 하는 부모들은 대게 어떤 부모들일까요?
대부분 매사에 소심하고, 남에게 지기 싫어하고, 남에게 피해 주는 걸 싫어하고, 완벽주의자고, 자녀교육에 독재적이고, 매사에 부정적이고, 아이에 대한 기대가 크고, 성질이 급하고, 세상사는 게 힘든 부모들이 잔소리를 입에 담고 살게 됩니다.

허구한 날 부모의 잔소리를 듣는 아이는 어떨까요?
잔소리는 부모로부터의 '못한다'는 부정적 평가입니다.

매사에 부모로부터 '못한다'는 평가를 듣는다면 아이는 우선 자신감을 잃게 될 것입니다. 스스로 사소한 것도 못하는 아이로 느껴질 테니까요. 또한 부모의 잔소리에 의해 습관적으로 매사를 처리하다 보면 당연히 자발성도 생기지 않겠지요.

그러면 어떻게 될까요?
아이의 잘못된 행동이 변화할 수 있을까요?

아이의 행동은 잔소리로는 쉽게 바뀌지 않습니다. 부모는 매번 꾸짖는데도 고쳐지지 않는 행동에 실망하게 되고…, 잔소리는 더 심해질 테고… 결국 아이와 부모의 감정의 골만 더 깊어질 것입니다.

사람이라면 누구나 잔소리를 싫어합니다.
어른도 잘 하던 일도 잔소리를 들으면 저항감이 생겨 어깃장을 놓고 싶은 심정이 생기게 됩니다. 하물며, 아이들이야 오죽 할까요?

이러한 반항심을 감히 부모에게 표출 못하고 쌓아두었다면, 필히 친구나 형제에게 표출할 것입니다. 그러다 보니 아주 사소한 일로도 친구들과 충돌하고 형제들과 싸우게 되는 것이지요. 이것이 누적되면 소위 '문제 행동', '문제 아이'가 되는 것입니다.

잔소리는 진정으로 자녀를 사랑해서 아이의 행동을 교정해 주겠다는 마음보다는 자녀가 못마땅하다는 마음이 실려 있습니다. 자녀가 아무리 어리다 한들 부모의 사랑과 실망을 구별 못하겠습니까? 이런 가장 가까운 부모로부터의 속마음을 눈치 챈 아이가 자신의 행동에 자신감을 갖거나 좌절하지 않는다면 그것이 오히려 이상한 일입니다.

어른의 눈으로 자녀를 대한다면 아이의 행동이 못마땅한 것은 사실이지요. 그렇더라도 잔소리는 멈추어야 합니다. '아이들이니까' 하는 아이를 이해하려는 여유로움을 억지로라도 가져야하지요. 그리고 잔소리가 아닌 대화로 아이의 특정한 행동을 하나씩 고칠 수 있도록 현명하게 대처해야 합니다.

우선 모든 것이 못마땅하더라도 가장 못마땅한 행동 하나를 택해서 아이에게 그 행동만을 고치도록 요구합니다. 그 대신 그 외의 다른 행동은 침묵을 해야지요. 더 효과를 거두기 위해서는 억지로라도 칭찬거리를 찾아서 칭찬해 주는 것도 병행하여야 합니다.

"영수야! 엄마가 오늘 자모회에 가서 다른 엄마들한테 들으니 다른 애들도 매일 늦잠 자고, 숙제도 꼭 시켜야 하고…, 뭐 영수랑 똑같던데. 난 영수만 그런 줄 알고 잔소리를 했잖아. 그런 거 보면 영수는 자기 책가방은 늘 스스로 챙기니 다른 애들보다 우리 영수가 훨씬 어른스러운 거지? 그 동안 엄마가 잔소리를 많이 해서 미안하구나. 이제 잔소리 안 할게…. 근데 딱 한 가지, 엄마가 아침에 무척 바쁘니까 엄마가 신경 쓰지 않게 일찍 일어나서 동생도 깨워주고 하면 좋겠는데… 우리 영수, 엄마 좀 도와줄 수 있을까?"

세상에
많고 많은 말 중에서
가장 귀하고 아름다운 말은 격려의 말입니다.
지금 당신의 아이는
먹을 음식이 없어 배고픈 것이 아니라
격려와 칭찬의 말에 목말라 하고 있습니다.

훈육편

4. 아이의 자신감

아이가 자신감이 없어요.
- 자신감이 없는 아이는?

아이가 자신감이 없어요

어제, 아이 책상을 정리하다가 우연히 연습장에 낙서 한 것을 보게 되었다.

"왜 난 다른 애들처럼 잘하는 게 하나도 없을까?"
"왜 난 엄마나 선생님한테 칭찬 한번 받지 못할까?"

아니, 이게 뭔 말이냐? 이 녀석이 사내아이답지 않게 말이 없고 조용해서 그게 성격이려니 했더니, 이게 뭐여?

밤새 아이의 낙서가 눈에 어른거려 잠을 설쳤다.
오늘은 뭔 일이 있어도 아이 담임선생님을 만나 뵙고 아이의 학교생활을 알아봐야겠다고 다짐을 했다. 원래 학교를 가 본적이 없는지라 망설여졌지만, 마음을 다잡아먹고 선생님을 찾아뵈었다.

엄　마: 선생님, 우리 준철이 학교생활은 어떤가요?

선생님: 집에서 뭔 일이 있었나요? 갑자기 왜…

엄　마: 예. 준철이가 원래 말이 없는 애인데… 요즘 전보다 더 말이 없고 그러더니… 글쎄, 어제 우연히 공책에 낙서 한 걸 보니까 '왜 난 다른 애들처럼 잘하는 게 하나도 없을까'하고 써 놨지 뭐예요?

선생님: 아, 그런 일이 있었군요. 사실 저도 준철이 어머니를 한번 뵙고 싶었는데… 잘 오셨네요.

엄　마: 왜요? 학교에서도 무슨 일이 있었나요?

선생님: 아니, 뭐 큰 문제는 없는데… 매사에 좀 소극적인 편이거든요. 미술 시간에 그림을 그리다가도 다 완성하지 못하고 중도에서 포기하고, 소집단 협동학습 때는 전혀 참여하지 않고 겉돌고… 어제는 숙제를 안 해 와서, 왜 숙제를 안 했냐고 물으니 동생이 숙제 한 걸 찢어버렸다지 뭐예요.

　　　　물론 핑계를 댄다는 걸 알았지만, 나무라지는 않았지요.

엄　마: 아니, 동생이 왜 숙제 한 걸 찢어요.

　　　　어제 숙제했냐니깐 다 했다고 하던데….

선생님: 워낙 말이 없는 조용한 성격이라지만 좀 심한 것 같더군요. 의욕도 없고요. 아주 간단한 질문도 답을 하지 않고, 체육 시간에 게임을 할 때도 다른 애들은 즐겁게 참여하는데 마지못해

참여하고, 통 웃는 모습도 못 보겠고…, 하여간 너무 의기소침해 있는 것 같더군요.

엄 마: 아니, 우리 애가 그 정도예요?

제 아빠도 워낙 말이 없는 편이라 준철이도 그러려니 했는데 그럼 문제가 있겠네요?

선생님: 뭐, 큰 문제라기보다는….

제가 보기엔 준철이가 자신감이 없는 것 같아요.

자신감이 없으니 매사에 의욕도 없고, 소극적이고, 친구들과 잘 어울리지도 않고…, 그래서 혹시 집에 뭔 문제가 있나 해서 엄마를 한번 뵙고 싶었던 참이었지요.

엄 마: 어쩜 우리 준철이가….

지 아빠를 닮아 순한 아이라고만 생각했는데….

자신감이 없는 아이는?

자신감은 주로 초등학교 시절(6세에서 12세)에 완성됩니다.

그러므로 초등학교 시절은 아이의 일생을 좌우하게 될 자신감 여부가 결정되는 때이니 만큼 각별히 아이의 자신감 형성에 신경을 써야 합니다. 아이들의 자신감은 가정과 학교에서 다른 사람과의 관계에서 형성됩니다.

'넌 발표를 잘해.'

'넌 참 착한 애야.'

'넌 어쩜 그림을 그렇게 잘 그리니?'

하는 등의 부모나 교사, 친구들의 눈에 비친 자신의 모습을 보면서 자존심과 자신감이 생기게 되는 것이지요.

반대로 이런 경험과는 달리 질책과 잔소리, 좌절 등의 경험은 자신감 없는 아이로 만들게 됩니다. 이러한 자신감 없는 아이의 일차적인 책임은 누구에게 있을까요? 당연히 부모에게 일차적인 책임이 있답니다.

아이의 성향에 가장 큰 영향을 미치는 것은 어려서부터 아이와 가장 가깝게 지내온 부모이기 때문이지요.

어떤 부모, 혹은 부모의 어떤 행동이 자신감 없는 아이로 만들까요?

첫째로 지적하고 싶은 것은 부모가 아이의 개성을 존중하지 않는다는 것입니다.

사람들은 누구나 타고 난 기질을 갖고 있습니다. 아이도 마찬가지로 타고난 기질이 있지요. 대부분의 부모들은 아이의 독특한 기질을 이해하기보다는 부모가 원하는 방향으로 아이를 이끌어 나가려는 경향이 많습니다. 부모가 원하는 방향…, 이것이 아이의 기질과 전혀 다르다면(덜렁대는 외향적 기질의 여자아이에게 차분하고 세밀하기를 요구한다는 등) 아이의 행동은 당연히 부모를 만족시키 지 못하게 되고, 이러한 부조화는 부모로부터의 질책과 실망감으로 인해 좌절과 분노, 패배감을 심어 줄 것입니다.

부모들은 아이도 엄연한 인격체이므로 '아이는 부모의 의지대로 만들어지는 것이 아니라 가꾸어져 가는 것'이라는 것을 명심해야 합니다.

아이에게 성격상 버거운, 강요된 양육태도는 아이로 하여금 평생을 자신감 없는 소극적인 생을 살도록 한다는 사실을 알아야 하지요.

두 번째로 지적하는 것은 부모의 잘못된 양육 태도입니다.

아이에게 너무 무관심 한다거나 너무 완벽한 것을 요구하는 것은 아이의 자신감 박탈의 원인이 됩니다. 무관심하다면 부모로서의 보호자의 의무를 상실한 것이기에 논할 가치조차 없겠지요.

문제는 너무 완벽함을 요구하는 경우입니다.

이 땅의 대부분의 부모들은 자녀에 관한 한 여유나 너그러움을 포기하고 있습니다. 또한 모든 부모들이 자기 아이만은 최고가 되기를 바라지요. 아이가 최고가 되기를 원하는 부모, 남보다 우월하기를 바라는 부모의 바람과는 달리 아이의 능력이 그에 미치지 못한다면 어떻게 될까요? 최고가 되기를 바라는 부모라면 이런 아이에게 태연할 수 있을까요?

또한 너무 수직적인 가족관계(철저하게 자녀의 의사가 무시되는)와 지나친 처벌, 잦은 비난도 아이의 자신감을 꺾는 계기가 된답니다. 질책과 비난보다는 칭찬이나 격려가 아이에게 바람직하다는 것은 자녀 교육에 조금이라도 관심이 있는 부모라면 누가 그걸 모르겠습니까? 다만 실생활에서 자기도 모르게 감정이 앞서서 때리고 질책을 먼저 하게 되지요.

아는 것과 실천은 전혀 별개이며, 자녀교육에 있어서는 안다는 것만으로는 아무 소용이 없습니다. 많이 아는 것보다 단 하나라도 실천하는 게 더 가치 있는 일이지요.

세 번째로 지적하는 것은 아이의 모방성입니다.

아이들, 특히 초등학교 아이들은 모방성이 강합니다.

아이들은 자기와 가까운 사람을 동일시 대상으로 선정해 놓고 그를 닮고 싶어 하는데, 그 일차적 대상이 바로 부모입니다.

오죽하면 옛 속담에도 '애들 앞에선 냉수도 못 마신다'고 할까요?

부모가 소극적이라면 아이는 무엇을 배울까요? 부모가 매사에 의욕을 잃고, 세상 불평만을 늘어놓는다면 아이는 똑같이 학교생활이나 아이들 세계에서 부정적인 역할을 담당하게 될 것입니다. 혹, 부모 자신이 소극적이라 하더라도 아이 앞에서만큼은 적극적인 태도를 보여 주어야 합니다.

또한 세상일이 내 뜻대로 안 되고 어렵더라도 아이 앞에서는 비관하거나 부정적인 모습을 보여 주어서도 안 되겠지요.

부전자전(父傳子傳)이라 했던가요?

이는 유전적인 면을 강조한 것이 아니라, 아이는 부모를 보고 배운다는 것을 강조한 우리 선조들의 자녀 교육관인 것입니다.

더 잘 웃는 것은
더 잘 사는 것입니다.
오늘도 아이에게 밝은 웃음을 보여 주세요.
나와 아이에게서 웃음이 떠나지 않을 때
우리는 함께 행복해 진답니다.

훈육편

5. 나쁜 버릇 고치기

싸움 대장의 무참한 패배
- 자녀의 나쁜 습관 고치기
- 아이는 싸우면서 큰다고요?

싸움 대장의 무참한 패배

하루라도 싸우지 않으면 입 안에 가시가 돋는 아이.

아니, 싸움이 아니라 하루도 빠짐없이 애들을 두드려 패는 아이.

맞은 아이 부모들의 숱한 항의 전화, 우리 애를 다른 반으로 보내던가, 그 놈을 다른 반으로 보내던가 양자택일을 하라는 부모들, 전학을 보내겠다고 엄포 놓는 부모, 세상에 뭐 이런 놈이 있어 담임을 이토록 곤경에 빠뜨린단 말이냐?

별의별 방법을 다 써 보았다. 임시로 다른 반에서 공부하게도 해 보았다. 감화를 통한 설득도 해 보았다. 물론 처벌도 해 보았다. 방법이 없다.

이 놈을 사람 만드는 게 학교 동료교사들의 공통된 화두였다. 경험상 그럴싸한 모든 방법이 동원되었으나 효과가 없다.

담임, 비장한 각오로 권투 시합을 시키기로 했다.

행동교정의 원리 '포만의 법칙'이랄까? 일단 상철이를 밖으로 내보낸 후 아이들에게 단단히 일렀다.

"오늘 상철이의 버릇을 고치기 위해 정식으로 상철이와 권투시합을 한다. 정식으로 선생님 앞에서 정정당당하게 권투 경기를 하는 것이니 끝까지 자신감을 갖고 한다. 내가 보기엔 분명히 너희가 이기리라 생각하니, 겁먹지 마라. 죽기 아니면 까무러치기다."

상철이에게도 오늘 원없이 싸워보라고 말했다.

책걸상을 뒤로 밀치고 공간을 만들었다.

상철이의 첫 상대는 운동신경이 발달한, 실력으로는 절대 상철이에게 지지 않을 민수로 정했다.

상철이 놈 만만히 보고 할만 하단다.

예측한대로 상철이 이놈, 씩씩거릴 뿐 한 대도 못 때리고 맞고만 있다. 태권도 3품이라지만, 글러브의 무게도 있고 발을 못 쓰니 워낙 빠른 민수에게 당할 수가 없다.

3분이 지난 후 종료시켰다.

"상철이, 네가 졌지?"

"예."

"넌, 민수 상대가 안 되네. 그럼 종민인 어떨까?"

"에이, 종민인 상대가 안 되지요."

"종민이는 학급에서 그저 그런 아이니 상대가 안 된다고? 그래 그럼 해 봐라."

앞 경기에서 3분을 죽자 사자 팔을 흔들어 댄 상철이 놈 많이 지쳤겠다. 상철이의 버릇을 고치기로 작정한 아이들을 당해 낼 재간이 없다. 치고 빠지고, 치고 클린치하고, 종민이도 자신감이 생겼는지 펄펄 난다. 상철이 이놈 한 대도 못 때리고 허우적댈 뿐이다.

이번 경기도 상철이의 참패.

이제 세 번째 경기로 넘어 간다.

"네 실력이 이 정도냐?

그러면서 매일 애들을 때렸단 말이야? 어허, 참!

그럼 이번엔 승수와 한판해라."

"승수라니요? 쟨 정말 말도 안 되요."

"왜? 이젠 승수도 겁나냐?"

"아니요. 쟨 쌈을 너무 못해요. 상대가 안 되지요."

"그래, 그래도 한번 해 봐?"

이제, 아이들은 상철이를 겁내지 않는다. 종민이에게도 얻어터지는 애를 누가 겁내겠는가? 글러브를 낀 승수도 자신 있는 표정이다.
반에서 약한 편에 속하는 승수까지도 자신 있다니…
경기 결과는 역시 상철이의 참패였다.

이미, 세 번째의 경기이니 체력의 한계와 지 특기인 발을 전혀 못 쓰는 상황…
그야말로 자포자기하여 흐느적거릴 뿐이다.
상철이 이놈, 얼마나 경기가 끝나길 기다릴까?
그런데 선생님은 경기를 끝 낼 마음이 없다. 상철이는 비참하게 약하디 약한 승수에게 얻어터지면서 이제는 팔도 못 올리고 있다.

"선생님, 그만하면 안돼요?"
"물론 안 되지. 승수에게 항복하기 전까지는 절대 안 되지. 다른 애들한테 앞으로 절대 때리지 않겠다고 약속하기 전까지는 절대 안 되지."

자녀의 나쁜 습관 고치기

어른의 눈에 비친 자녀들의 모습에 만족하는 부모가 어디 있을까요?
집에만 오면 짜증내는 아이, 매일 쌈박질하는 아이, 거짓말을 밥 먹듯 하는 아이, 편식하는 아이…, 이런 아이들을 보는 부모들의 맘은 조급해집니다. 어떻게 해야 할까요?

아이 행동 교정의 정답은 있을 수 없습니다. 다만, 이런 저런 유용한 방법이 제기되고 있을 뿐이지요.

학교 교육 현장에서도 자주 적용하는 몇 가지 행동 교정의 유용한 방법을 소개합니다. 어느 것이 가장 좋은 방법일 수는 없고, 아이의 특성과 상황에 따라 다양한 방법을 활용하면서 아이의 그릇된 행동을 바꾸어 보세요.

하나, 포만의 원리

포만의 원리란 아이가 나쁜 행동 습관에 싫증을 느낄 때까지 그 행동을 계속하게 하는 것입니다.

어떤 행동을 계속하는 것은 그 행동이 가져다주는 강화 때문이므로, 아무리 끈질긴 행동이라도 그 행동을 계속하다보면 지쳐서 물려버린다는 사실에 근거를 두고 있지요.

아무리 하고 싶은 행동이라도 그 행동을 계속해서 한다면 지치고 싫증을 내게 됩니다. 피자만을 고집하는 아이에게 아침저녁 계속해서 피자만 준다면 어떻게 될까요? 틈만 나면 컴퓨터에 매달려 있는 아이에게 밤낮으로 컴퓨터만 실컷 하도록 강요한다면 어떻게 될까요? 이 경우 나쁜 행동을 허용하는 것이 아니라, 계속하도록 강요해야 한다는 것입니다. 하고 싶을 때만 컴퓨터를 계속하게 허용한다면 아이에겐 더 없는 좋은 기회가 될 뿐이며, 싫증을 느낄 이유가 없게 되지요. 그러므로 열일 제쳐놓고 컴퓨터만 계속하게 하여서 스스로 지치도록 하는 것이 포만의 원리입니다.

포만의 원리를 사용해서 안 되는 경우도 있습니다.

아이의 습관이 아이는 물론 다른 사람에게 해가 되는, 예를 들어 동생을 연필로 쿡쿡 찌른다는 등의 행동이라면 포만의 원리를 사용해서는 안 되겠지요.

둘, 관심 철회의 원리

아이가 부적절한 행동을 할 때 부모가 신경을 쓰고 잔소리를 하면 그런 행동이 더 심해지는 경우가 있습니다. 부모가 관심을 써 준다는 것이 아이를 기분 좋게 하기 때문이지요. 즉, 아이에게는 잔소리라도 부모로부터 무관심한 것보다는 낫기 때문입니다. 이럴 경우 그 행동에 대해 무관심해 버린다면 그 행동의 빈도가 낮아지다 결국엔 이런 행동이 없어지게 되는데 이를 관심철회(무관심)의 원리라고 합니다.

관심 철회의 기법은 특히 집에서 신경질을 부리거나 툭하면 우는 행동을 교정하는데 효과가 큽니다. 아이가 우는 것은 부모의 관심을 끌기 위한 수단입니다. 아이가 울 때, 달래기보다는 잠깐 그대로 둔다면 아이는 이내 울음을 멈추게 되지요.

관심 철회의 기법을 쓸 때 무관심 초기에는 아이의 나쁜 행동이 더 강하게 나타납니다. 이는 관심을 끌어내기 위해 자신의 행동의 강도를 높이는 것이지요. 만일 초기에 이렇게 그 행동이 심해지면, 잘못 됐나 하고 망설일 수도 있습니다. 그러나 이런 현상은 오히려 관심철회가 먹혀 들어가는 증거이므로 확신을 가져야 합니다.

셋, 상반 행동 강화의 원리

상반 행동을 강화함으로써 나쁜 습관을 감소시키는 원리입니다. 여기서

상반 행동이란 그 행동과 동시에 할 수 없는 행동을 말합니다.

예를 들어 밥을 먹을 때 깨작깨작 밥알을 세면서 먹는 아이가 어느 순간에 먹음직스럽게 밥을 먹을 때 그 행동을 칭찬하여 준다면, 나쁜 행동은 감소되고 칭찬 받은 행동이 습관화된다는 것이지요.

아이들의 나쁜 행동을 벌로 다스리기보다는, 그와 상반되는 행동을 찾아 강화하는 것이 훨씬 효과적인 경우가 많습니다. 이것은 칭찬 받은 아이에게도 기분 좋은 일이므로 '누이 좋고, 매부 좋고' 서로에게 유쾌한 일이겠지요.

넷째, 불쾌 자극 중단의 원리

아이의 나쁜 행동이 없어지고 좋아질 때 즉각 불쾌한 자극을 중단하는 것으로, 벌을 주는 것과는 다릅니다.

놀다 들어와서 손을 씻지 않는 아이가 손을 깨끗이 씻었다면 그 동안 제한을 했던 아이가 좋아하는 컴퓨터를 할 수 있게 한다든지, 숙제를 끝내면 나가 놀 수 있게 한다든지, 동생과 다투지 않아야 게임을 할 수 있게 하는 것이 불쾌 자극 중단의 원리이지요.

다섯째, 격리의 원리

격리의 원리란 나쁜 행동을 할 때 일시적으로 다른 방에 혼자 있게 하는 등 있던 곳에서 격리하는 것을 말합니다.

격리 방법이 아이의 문제행동을 다루는데 지나치게 과격하고 비인간적이라는 비난이 있을 수 있습니다. 그러나 겉으로 보기에는 가혹한 것 같아도 단기간 적용하여 그릇된 행동을 빨리 고칠 수 있다면, 적절히만 사용한다면 아이의 행동 교정을 위해서는 효과적인 방법일 수 있습니다.

이처럼 다섯 가지의 행동교정 방법을 쓰기 전에 우선 생각해야할 것은 첫째, 나쁜 습관의 정도를 생각해 보아야 합니다.

라면만 먹겠다든지, 욕을 가끔 한다든지…, 아이의 나쁜 습관이 그렇게 큰 문제가 되지 않는다면 포만의 원리를 사용해 볼만합니다.

둘째, 나쁜 행동을 함으로써 강화를 얻지 못하도록 내가 환경을 조절할 수 있을지 먼저 생각해야 합니다. 강화를 조절 할 수 있어야 관심철회의 효과가 있습니다. 그렇지 못하다면 다른 원리를 고려해야 합니다.

셋째, 아이가 지금 하는 행동 말고 어떤 바람직한 행동을 하기 원하는가를 생각해 봐야 합니다. 아이의 버려야할 행동과 원하는 행동을 알아야 상반 행동의 원리를 적용할 수 있습니다. 상반 행동의 원리를 적용하고자 할 때는 미리 반대되는 행동과 강화 방법을 찾아내야 합니다.

넷째, 위의 세 가지 방법이 효과가 없다면, 불쾌 자극 중단의 원리를 사용합니다.

다섯째, 앞의 네 가지 원리가 모두 효과가 없다면, 조심스럽게 격리의 방법을 적용해 봅니다.

아이들은 싸우면서 큰다고요?

아이들은 친구들과 잘 놀다가도 금세 싸웁니다.
왜 그럴까요?
아이들은 나이가 어릴수록 상대방을 생각할 줄 모르고 자기중심으로만 생각하기 때문에 자기주장만 하다가 싸움을 하게 됩니다.
흔히 부모들은 싸움을 부정적인 시선으로 바라보게 됩니다. 그러나 아이들은 싸움을 하면서 점차 사이좋게 노는 법을 배우고, 갈등을 해소하는 방법을 체득하게 됩니다. 그래서 '아이들은 싸우면서 큰다.'고 하기도 하지요.
이런 보편적인 싸움이라면 크게 걱정하지 않아도 됩니다.
문제는 싸움이 일과처럼 된 아이들이지요.

걸핏하면 싸우는 아이, 이런 아이들의 원인은 무엇일까요?
첫째, 부모가 아이를 너무 위하는 아이들이 싸움을 자주 합니다.
늘 아이의 요구를 들어 준 환경, 이런 환경에서 자란 아이들은 무엇이든 제 뜻대로 하려고 하지만, 아이가 처한 상황은 가정과는 달리 제 뜻대로만 되지 않습니다. 이런 경우 아이는 새로이 변화된 환경에 적응하거나 참지 못하여 쉽게 싸우게 되는 것이지요.

둘째, 감정적인 질책이나 체벌을 받고 자란 아이는 자신을 납득시킬 수 없을 때 부모의 본을 받아 자신의 주장을 관철하기 위해 폭력을 쓰게 됩니다. 이런 행동은 다른 사람에게 받아들여지지 않음으로써 점점 더 공격적이 되지요.

셋째, 부모의 거부와 엄격함이 싸움의 원인이 되기도 합니다.

부모에게 신뢰받지 못하고 부모의 간섭이나 명령, 잔소리 등의 거부적인 태도에 아이는 불안감을 느끼게 되며, 이러한 불안감의 축적이 싸움을 자주 하는 원인이 되기도 합니다.

넷째, 열등감 때문에 싸움을 하게 되기도 합니다.

어른에게 꾸중을 듣거나 친구들에게 조롱을 받으면 그 감정이 스며들었다가 어느 순간 폭발하여 싸움을 유발하기도 합니다.

그러면,
이러한 싸움에 대해 부모는 어떻게 대처해야 할까요?

첫째, 싸움을 사회성 훈련 과정으로, 혹은 성장을 위한 경험의 일부로 생각하고 아이의 싸움에 지나치게 개입하지 않는 것이 좋습니다. '싸우지 마', '자꾸 싸우려면 놀지도 마' 하는 질책보다는 싸움을 통해 얻으려는 것이 잘못 되었음을 이해시키는 좀 더 나은 방법을 생각해 보아야 합니다.

둘째, 부모는 아이의 거울입니다.
그러므로 부모가 먼저 자신의 감정을 조절하고 올바른 판단력을 갖고 일관성 있는 모습을 보여야 아이도 부모의 태도를 따라 배우게 됩니다. 사소한 일로도 감정을 억제하지 못하고 싸움을 하는 부모를 보고 아이는 무엇을 배울까요?

셋째, 부모가 상대 아이만을 비난하는 것은 아이에게 거짓말을 조장하고, 상대를 비난하는 것을 배우게 되므로 스스로 해결 할 수 있도록 현명하게 대처해야 합니다. 모든 아이들은 싸움의 원인을 상대에 전가하기 마련입니다. 이럴 때 아이의 말만 듣고, 상대를 비난한다는 것은 아이에게 똑같은 상황의 연출을 재연시킬 뿐입니다. 간혹 성급한 부모라면 상대의 집에 전화를 한다거나 하여 어른 싸움으로 번지게 하기도 합니다. 그 상대 아이는 제 부모에게 자기가 잘못 했다고 할까요? 그 아이도 내 아이와 똑같이 싸움의 원인을 상대에게 전가하지 않을까요?

결국 아이 싸움이 어른 싸움이 되는 것이지요.

넷째, 싸울 때의 행동을 나두라기보다는 친구들과 다툼을 평화적으로, 슬기롭게 해결했을 때 칭찬을 허줍니다. 아이의 일상을 관찰하다 보면, 아이의 일과를 듣다 보면 친구들과 작은 의견충돌이나 다투는 경우를 자주 접하게 됩니다. 이럴 때 그러한 충돌이나 다툼을 폭력 없이 슬기롭게 해결했던 경우를 억지로라도 찾아서 칭찬해 주세요. 아이의 싸우는 행동은 급격하게 줄어들 것입니다.

아이가
나를 사랑하게 한다는 것은
쉬운 일이 아닙니다.
아무리 부모라도 아이에게
사랑을 강요할 수는 없습니다.
다만,
사랑 받을 만한 부모가 되기 위해 노력하는 것만이
부모가 할 수 있는 일입니다.

자녀와의 대화

6. 창의적인 아이로 키우는 대화

- 우리 아이는 천재다
- 꼬리를 잇는 질문
- 창의력을 기르는 부모의 대화

우리 아이는 천재여!

아이를 데리고 경춘선 열차를 탔다.

모처럼 기차를 타고 여행을 하게 되었다.

어디를 가든 좁은 차안에 박혀 있다가 모처럼 기차를 타니 아이는 신이 났다. 괜스레 이리저리 왔다 갔다 하고, 화장실도 열어 보고….

기차가 대성리를 지나면서부터는 강이 보이기 시작한다. 이곳엔 내 승용차를 타고 여러 번 왔었는데 그때와는 색다른가 보다.

"아빠, 저 강이 무슨 강이야?"

"북한강이지. 저 위에 보이는 댐이 청평댐이잖아?"

"아빠, 저기 산 위에 보이는 게 뭐야?"

"산 위에…, 뭘 보고 그러니?"

"저 산꼭대기두 있구, 고 밑에두 있잖아?"

"아하, 저거, 송전탑이지."

"송전탑이 뭔데?"

"응, 아까 청평댐이 보였었지? 그 댐은 뭐 하는 곳이지? 아빠가 저번에 알려 주었는데….."

"전기를 만든다고 했나?"

"그래 맞았어, 바로 그 전기를 다른 지역으로 멀리 보내는 것이 송전탑이지."

"그렇구나. 근데, 왜 송전탑은 저렇게 크고 높아?"

아니, 이 녀석 질문이 끝이 없네. 그리고 저걸 어떻게 설명해야 되나? 어떻게 설명해야 좋을지 망설이는데 한 가지 딱 떠오르는 게 있었다.

'맞아, 자기 스스로 답을 찾게 하라 그랬지.'

"그건 아빠도 모르겠네. 왜 저렇게 크고 높을까? 아참, 넌 무척 똑똑 하잖아. 똑똑한 네가 생각해 보면 알 수 있을 텐데…."

어허, 이 녀석 폼 좀 봐라. 고개도 갸웃거리고, 먼 산도 한번 쳐다 보고…. 제법 생각에 잠겨 있다. 한참을 그러더니, 손뼉을 치고 정색을 하며 말을 한다.

"아빠, 나 알아 냈어. 저기 높은 데 있는 건 사람들에게 전기가 이렇게 간다는 걸 알려 주려고 그런 거야. 저기 높은 산에 광고판들도 많이 있잖아."

참, 이 녀석 말도 안 되게…, 그래도 기특하네.

"아하, 그래서 높은 데 있는 거구나. 사람들에게 잘 보이려고 크기도 커다랗고…. 역시 우리 아들은 천재야. 정말, 아빠도 몰랐거든."

우리 아이, 천재 아이 만면에 미소를 띠우며 어깨를 들썩한다.

사랑만으로는 부족해요

꼬리를 잇는 질문

성장기의 아이들은 질문을 많이 합니다.

특히 유치원이나 초등학교 저학년 아이들은 자신의 논리대로 엉뚱한 질문을 하여 부모를 곤란하게 합니다. 더구나 그 질문들은 어떠한 답변을 하더라도 꼬리에· 꼬리를 물어 부모를 지치게 하지요.

"아빠, 눈은 왜 흰색이야?"
"엄마, 왜 밥을 꼭 먹어야 돼?"
"아기는 어떻게 생기는 거야?"

이런 너무나 당연한 것, 대답하기 곤란한 것들을 물을 땐 부모나 혹은 다른 성인의 입장에서는 어처구니가 없어집니다. 그러나 질문을 한 아이의 사고수준에서는 정말로 궁금하고 알고 싶은 것이지요.

이럴 때 너무 당연하듯이, 그것도 모르냐는 듯이 "눈은 원래 흰색이야", "밥을 먹어야 살지", "그런 건 크면 알게 되니까 몰라도 돼"라고 즉각적으로 회답을 해버린다면 아이의 입장에서는 이해를 못할 테고, 그러면서도 그것도 모르냐는 듯한 부모의 표정을 읽은 아이는 말문을 닫아 버릴 것입니다. 이것은 아이의 사고를 저해하고 부모와의 대화의 단절을 초래합니다.

나름대로는 많이 생각해 보고도 답을 알 수가 없어 부모를 통해서라도 궁금함을 해소해 보고자 했던 질문이 핀잔으로 끝난다면 더 이상 핀잔 받을 질문은 하지 않을 것이고, 자신의 생각이 잘못 되었다고 느끼게 된다면 더 이상 부모로부터 질책 받을 법한 이런 엉뚱한(부모 입장에서) 사고는 하지 않을 테니까요.

아이들은 새로운 것에 대한 알고자 하는 욕구가 그것이 성장의 원동력이므로 클 수밖에 없습니다. 이것은 모든 아이들의 공통된 욕구이지요. 이런 욕구를 충족시켜 주느냐 못하느냐의 여부는 아이의 사고과정과 자신감에 큰 영향을 주게 됩니다.

눈의 색깔이 흰 것은 하늘이 파랗듯, 나뭇잎이 녹색이듯, 그냥 하얄 뿐입니다. 굳이 제대로 설명한다면 '수증기의 얼음 결정체이기 때문'이라 하겠지만, 수증기의 결정체를 본 적이 없는 아이가 다시 '수증기의 얼음 결정체는 왜 흰색이냐?'고 묻는다면, 이렇듯 친절한 답변에조차 꼬리에 꼬리를 무는 질문이 이어진다면 대부분의 부모는 짜증을 내고 말문을 닫아버릴 것입니다.

　세상 물정과 자연의 섭리를 이해하지 못하는 아이에게 아이 수준에서 제대로 이해시킨다는 것은 결코 쉬운 일이 아닙니다.

　스스로 자녀교육에 자신 있고, 아이를 잘 이해하고 있다고 생각하는 부모는 아이 수준에서 친절하고 장황하게, 그럴듯하게 설명을 하겠지만 아이는 이해하지 못하고 재차 끝없이 질문하게 될 것입니다. 아이의 말장난 같지만 아이는 아직 그 질문의 설명에 대한 수용능력이 없기 때문에 어떠한 설명도 아이를 충족시키지 못할 것입니다.

　얼마나 당황스럽고 귀찮은 일인가요?

　이럴 때는 아이의 자존심과 긍지를 갖게 하면서 다음과 같이 넌지시 질문을 되돌리는 것이 좋습니다.

　"어, 이제 보니 눈이 흰색이네, 왜 눈이 흰색이지? 나도 생각을 안 해 봐서 잘 모르겠네. 참, ○○는 똑똑하니까 곰곰이 생각해 보면 왜 눈이 흰색인지 알 수 있을 텐데…."

그러면 아이는 생각에 빠지게 되고, 어느 순간에 손뼉을 치면서 나름대로의 해답을 자랑스럽게 말할 것입니다.

물론 말도 안 되는 엉뚱한 답이겠지요.

이 때 부모는

"그래, 그래서 눈이 하얗구나.

나도 미처 생각 못했는데 ○○는 정말 똑똑하구나."

"어, 눈은 그래서 흰색이야?

역시 ○○는 아빠보다 머리가 좋아. 천재야, 천재."

하면서 맞장구를 쳐주며 칭찬을 해 준다면 아이의 사고는 계속 될 것이고, 자신의 사고결과에 자신감을 갖게 될 것입니다.

아이의 이런 경험들은 아이의 성장기 내내 자신감과 용기를 갖게 되는 소중한 경험들이 될 것이며, 아이의 사고력 증진에도 큰 도움이 되겠지요.

창의력을 기르는 부모의 대화

창의적인 인간은 시대적인 요구입니다.

국가 교육의 근간이 되는 교육과정에서도 '추구하는 인간상'의 두 번째가 창의적인 인간이지요.

많은 부모들이 창의력의 중요성을 깨닫고 아이의 창의력에 관심을 갖고 있습니다. 대부분의 부모들은 내 아이가 창의적이고 남다르기를 원하지만, 창의력에 관한 한 학교교육이나 관련 학원, 관련 도서에 그 짐을 밀어 버리고 맙니다. 과연 창의력 교육이 학교교육이나 창의력 전문학원에 떠넘겨서 될 일인가요?

창의력이란 선천적 능력이라기보다 후천적 노력에 의해 개발되어지는 능력이며 또한 어릴 때부터 가장 가까운 부모와의 대화 속에서 형성된다는 사실을 알고 있는 부모들이라면 마냥 아이의 창의력을 남에게 떠맡길 수 있을까요?

아이의 사고력과 창의력은 부모의 역량이 큽니다.

다른 인성 발달과 마찬가지로 창의성에 있어서도 부모의 역할이 매우 중요한 셈이지요.

아이의 창의력을 길러 주는데 효과적인 아이와의 대화요령 몇 가지를 소개합니다.

첫째, 정답은 스스로 찾게 합니다.
부모들이나 대부분의 어른들은 질문을 하고는 기다리지 못하고 성급하게 바로 답을 알려 줍니다. TV를 바보상자라 말하는 것도 일방통행의 정보만을 제공하기 때문이지요. 부모는 아는 대로 가르쳐주고 싶어 하지만, 부모의 이러한 노력은 아이에게 생각하는 힘을 뺏는 결과를 초래합니다.
아이에게 많은 지식을 전수해 주는 것이 능사가 아닙니다.
'배고픈 아이에게 고기를 주지 말고 고기 잡는 법을 가르쳐라'는 격언을 부모들은 다시 한번 음미해 보아야 합니다.

둘째, 때때로 질문을 던져 생각의 기회를 주어야 합니다.
TV를 보던 중이나 아이가 읽고 있는 책의 내용 중에서, 혹은 실생활에서 아이의 생각하는 습관을 길러 줄 필요가 있습니다.
자연스러운 상황에서

'너라면 어떻게 할거니?'
'너는 어떻게 생각하니?'
하는 질문은 아이에게 스스로 생각하는 태도를 길러 줄 것입니다.

셋째, 아이가 질문 할 때 되물어보는 지혜를 발휘합니다.
아이들은 신체적 성장 못지않게 지적 성장 욕구가 강하기 때문에 엉뚱한 질문을 쏟아내어 부모를 당황하게 합니다. 이러한 당혹스런 질문에 일일이 답한다는 것은 부모를 지치게 하고, 급기야는 '그런 건 몰라도 돼', '그런 것도 몰라' 하며 핀잔을 하게 됩니다.
이럴 때는 되물어서 스스로 해답을 찾게 함으로써 아이의 생각의 힘을 키울 수 있지요.
"엄마, 밥은 꼭 먹어야 해요?"
"글쎄, 밥을 안 먹으면 어떻게 될까?"

넷째, 단답식의 질문을 피하고 생각할 수 있는 질문을 합니다.
'맛있니?' 하면 '예, 아니오'란 답이 있을 뿐이지요. 똑같은 질문이라도

'어떤 맛이었니?' 하고 물으면 대답은 달라질 것입니다.

"오늘 학교에서 재미있었니?"
"예, 아니오."
"선생님 말씀 잘 들었겠지?"
"예, 아니오."
"오늘, 숙제 있니?"
"없어요."

사실 너무 친절하여 물음을 구체화한 것이 더 역효과가 되는 셈이지요. 학교에서 재미있었냐고 구체화하기보다는 어땠니 하고 추상화 하면 아이는 생각을 안 할 수가 없겠지요.
'예, 아니오'의 대답을 하는데 무슨 생각이 필요하겠습니까?
이제부터는 간단한 질문이라도 생각할 수 있는 질문을 함으로써 자연스럽게 사고력을 키우도록 해야 합니다.

그냥 피어 있는 꽃은 없습니다.
그냥 태어난 인생도 없습니다.
그러하기에
우리 아이가 마지못해 살아가게 해서는 안 됩니다.
혹한에 견디어 핀 꽃이 아름답습니다.
역경과 좌절에도 굽히지 않는 아이가 되도록
당신의 삶의 교훈을 아이에게 나누어주세요.

자녀와의 대화

7. 대화의 기술

저희를 사랑한다고요?
- 나 전달법을 습관화한다
- 대화 기술의 첫 번째는 잘 듣는 것

저희를 사랑한다고요?

정말로 저희를 사랑하신다면,

정말로 저희를 이해하고 싶으시다면,

정말로 저희와 마음을 여는 대화를 원하신다면….

눈을 낮추어 저희의 생각을 읽어 주세요.
저희의 말에도 귀를 기울여 주세요.

아빠,
자식은 엄하게 키워야 한다고요?
그래서 무조건 '…하라, …마라' 늘 명령조로 말씀하시나요?
아빠는 어른이고 저희는 아이니까
모든 건 어른의 의사에 따라야 한다고요?
그게 엄한 건가요?
그러면서도 진정한 대화를 원하세요?
그런 일방적인 대화에 제가 무슨 말을 할 수 있겠어요?
엄한 건 독재가 아니에요.
잘못 했을 때 따끔하게 혼내는 게 엄한 거지요.

엄마,
너무 야단치지 마세요.
야단을 치더라도 제가 알아듣게 차근차근 얘기해 주세요.
너무 흥분하지 마시고요.
아무리 화가 나도 그렇지….
"꼴 보기 싫으니, 집 나가 버려."
"어휴, 왜 사니? 차라리 죽어라."

이게 말이 되나요?
나가라니요. 어린 제가 어딜 간단 말이에요?

아빠,
왜 절 나무라실 때 꼭 남과 비교를 하시죠?

'누구누구는 네 나이 때 어떻게 했는데….'
'야, 큰집 형은 이번에 전교에서 1등 했다는데….'

꼭 이렇게 비교해서 기를 팍 꺾어 놓아야 속이 시원하세요?
경각심을 불러일으키기 위해서라고요?
천만에요.
이런 말 들으면 자존심 팍 상해서 하던 일도 하기 싫어요.

엄마,
제 앞에서 아빠 흉보지 마세요.
두 분 사랑해서 결혼한 거 아닌가요?
엄마와 아빠 편가르기 하세요?
아빠 흉보면 제가 엄마 편이 되나요?

'만약 아빠 엄마 헤어지면 누구와 살거니?'

아니, 이거 자식한테 할 소리에요?
농담이라구요?
세상에 농담도 할말 있고 안 할말 있지….

아빠,
제가 너무 버르장머리가 없다고요?
아빠한테 존댓말도 안 하고, 응석이나 부린다고요?
지금껏 친구처럼 잘 대해 주시다가 갑자기 이러시면 난들 어쩌라고….

그러니, 어려서부터 가릴 건 가렸어야지요.
뭐 신세대 부모는 아이와 친구처럼 지내야 한다고 어려서부터 친구처럼 격의 없이 지내시더니….
자식 사랑이 한없이 베푸는 것만은 아니에요.
정말이지 가릴 건 가려야 돼요.

엄마,
공치사 좀 하지 마세요.
니들 땜에 고생이라고요?
누가 몰라요?
어버이날 감사 편지 드렸지요?

항상 부모님들 우리 땜에 고생하시는구나 생각하고 있어요.

그런데, 말끝마다 니들 때문이라니요?
아니, 니들 때문이라면, 우리 존재는 뭐가 되나요?
부모를 고생시키는 존재, 그럼 필요 없는 존재가 되나요?

이런 말이 우리 아이들에겐 얼마나 충격적인지도 모르고, 그냥 하소연하는 엄마….
아, 그러면 속이 풀어지실까?
그래서라도 속이 후련해지신다면 참아야지요.

아빠, 엄마,
저희를 사랑하시고,
정말로 마음을 여는 대화를 하고 싶으시면
우선 저희 생각을 읽을 수 있도록 노력하세요.
저희의 입장이 되어서요….

저요, 아무리 어려도 생각은 있다구요.

자녀와의 대화에서 피해야 할 말

- 지시와 명령조의 대화
- 감정을 앞세운 심한 말의 야단
- 남과 비교하여 나무라는 것
- 부모의 한쪽을 아이 앞에서 비난하기
- 지나치게 격의 없는 대화(사랑을 절제하라)
- 자식 때문에 희생한다는 공치사 말
- 원칙과 일관성이 없는 말
- 자녀에 대한 믿음과 신뢰가 없는 말

'나 전달법'을 습관화한다

혼히 가정에서 부모와 자녀의 관계는 수평관계가 아닌 수직관계를 이룹니다.

아이의 느낌이나 감정은 무시되어 존중받지 못하는 경우가 허다하며, 특히 잘못된 행동을 꾸짖을 때는 아이의 실망스런 행동에 대한 부모의 격한 감정이 우선되어 아이의 감정은 전혀 고려하지 않게 됩니다.

이러한 반복되는 꾸짖음은 아이의 잘못된 행동을 일시적으로 중지시킬 수는 있겠지만 잘잘못을 가리는 판단적 사고능력을 저해하고, 아이를 위축시키는 결과를 초래할 것입니다.

이런 즉각적인 꾸짖음 대신에 **'나 전달 법'**에 의한 잘못된 행동을 교정하는 방법을 권합니다. '나 전달 법'이란 P.E.T의 창시자인 토마스 고든에 의해 창시된 대화 기법입니다.

'나 전달 법'은 '네가 잘못했다'라는 관점의 전통적인 방법을 지양하고 상대방의 행동에 대하여 '내가 어떻게 느끼는가'를 말함으로서 '너'에서 '나'로 초점을 바꾸어 말하기 때문에 '나 전달 법'이라고 하지요.

'나 전달 법'은 상대방을 비난하거나 위협적으로 말하지 않으면서도 상대방의 행동에 대해 느낀 감정을 단호하게 말하기 때문에 상대방은 인격적 모독을 느끼지 않으면서 잘 경청하게 됩니다.

이러한 '나 전달 법'을 아이의 잘못된 행동교정에 적극 활용하여야 합니다. 아이의 잘못된 행동에 대한 즉각적인 비난이 아닌 '나 전달 법'에 의한 행동교정 방법을 부모가 습관화한다면 아이는 비난받는다는 생각을 않고도 자신의 행동의 잘못된 점을 깨닫고 스스로 고치려고 노력을 할 것입니다.

부모의 이런 변화는 아이가 자신에 대해 존중감을 갖는 계기가 될 것이며, 부모에 대한 신뢰감 및 존중감도 배가될 것입니다.

- **나 전달법의 기본 4가지 요소**
  - 나에게 문제점으로 다가오는 행동 있는 그대로 말한다.
  - 그 상황에 대하여 내가 느끼는 바를 말한다.
  - 나의 이유를 말한다.
  - 내가 원하는 바를 구체적으로 말한다.

- **'나 전달법'의 실제의 예**
  - '너 전달법' : "너는 왜 자꾸 동생을 때려서 울리냐?"
  - '나 전달법' : "네가 자꾸 동생을 때려 울리니까 집안이 시끄럽고 엄마는 할 일도 제대로 못해 짜증이 나잖니. 앞으로는 동생을 때리지 않았으면 좋겠어."

대화기술의 첫 번째는 잘 듣는 것이다

대화기술의 첫 번째 요소는 무엇보다 '잘 듣는 것'입니다.

누군가의 이야기를 잘 들어준다는 것은 있는 그대로 받아들인다는 수용의 상태를 의미하며, 사람은 상대방이 자신을 있는 그대로 받아들인다고 느낄 때 심리적으로 안정감을 느끼게 되고, 성장하고자 하는 의욕을 갖게 됩니다.

대부분의 부모들은 자녀를 양육함에 있어 잘못을 즉시 지적하고 올바른 방법을 제시해 주는 것이 최선의 방법이라 생각합니다.

그러나 이보다 더 중요한 것은 잘 들어주는 것입니다. 자녀의 이야기를 비판 없이 듣는 그 자체가 자녀의 마음을 열게 하여 자신의 느낌이나 문제를 털어놓게 하는 힘을 가지고 있으며, 자신이 하고자 하는 말을 하고 나면 마음이 편안해지고 이야기를 하면서 스스로 문제를 해결해 나갈 수 있는 자신감도 생기기 때문이지요.

잘 듣는다는 것은 결코 쉬운 일이 아닙니다. 특히 자녀와의 대화에 있어서는 자녀 문제를 부모가 해결해 주고 싶거나 잘못된 점을 바르게 인도하여야 한다는 의식 때문에 잘 들어준다는 것은 매우 어려운 일이지요.

일반적으로 자녀에 대한 부모의 반응은 판단, 비판, 설교, 교훈, 주의, 명령 등이지요. 이러한 반응은 자녀를 그대로 수용할 수 없다는 뜻을 전달하게 됩니다. 이러한 자녀를 수용할 수 없다는 뜻이 자녀에게 전달된다면 대화가 끊어지거나 다시 대화를 할 수 없게 될 것입니다.

아무리 좋은 대안이나 해결방법이 있더라도 자녀가 이야기하는 동안 열심히 들어주는 것보다 더 좋은 방법은 없습니다.

이야기를 열심히 들어주는 태도와 모습에서 자녀는 자신에 대한 따뜻한 애정과 신뢰를 느낄 수 있으며, 아이 자신도 다른 사람의 이야기를 듣는 태도를 자연스럽게 배우게 됩니다.

자녀가 부모에게 거역하는 것은 부모를 사랑하지 않거나 부모 자체를 거역하는 것이 아니라 부모의 못마땅한 훈육 방법에 반항하는 것입니다.

부모로서의 권위와 위협 등을 통한 복종이 아니라 자녀가 부모의 욕구를 진심으로 헤아리고 배려하면서 행동할 수 있게 하기 위해서는 부모의 수용적인, 아이의 마음을 열어주는 대화가 꼭 필요합니다.

아이는
부모의 거울입니다.
내가 남의 단점을 즐기는 교정자라면
아이 역시 그런 나를 닮아
언젠가는
아이도 그런 말을 듣게 될 것입니다.
이제부터 남의 아름다움을 보려고 노력하세요.
당신의 소중한 아이는
부모의 아름다운 마음을 보며
아름다운 아이로 커 갈 것입니다.

대인관계

8. 왕따 이유가 있다

자랑스런 종석이 어머니
- 왕따 이유가 있다
- 친구가 괴롭힌다고 하소연하는 아이
- 친구들에게 환영받은 아이와 환영받지 못하는 아이

자랑스러운 종석이 어머니

잉잉... 울 엄마한테 일러 줄거야?
니네 엄마가 뭔데?
울 엄마, 무조건 자식 편드는 철없는 사람이지

오늘,

학교에서 참 어이없는 일이 있었다.

점심시간에 선생님이 안 계실 때 종석이 엄마가 학교에 와서 남자 애들 대여섯 명을 불러내어 야단을 친 것이다.

'앞으로 계속해서 종석이를 괴롭히고, 왕따 시킨다면 가만 안 둔다….'

얼마 전에 선생님께서 쪽지를 내어 주시면서 자기 이름은 쓰지 말고, 자기를 괴롭히는 친구의 이름을 한 명만 적어 보라고 하신 적이 있다. 그때 종석이가 우리 반 42명 중에 무려 23표를 얻어 남을 괴롭히는 아이로 1등을 하였다.

종석이는 키도 크고 기운도 센 편이어서, 우리 반 남자 중에 종석이를 이기는 애가 서너 명밖에 안 된다고 한다. 그래서, 힘센 서너 명과 반장이나 아주 똑똑한 몇 명을 빼고는 모두 종석이의 놀림감이 되거나 피해자가 되는 것이다. 그러니 모든 반 친구들이 종석이를 좋아할 리가 없다.

그런데, 그 종석이가 친구들에게 괴롭힘을 당한다고 종석이 엄마가 와서 우리 반 남자 애들을 혼내 준 것이다. 물론 혼난 애들 중에는 종석이를 이기는 힘 센 아이도 있었지만, 오히려 종석이에게 괴롭힘을 당하는 힘이 약한 애도 몇 명 있었다.

'힘없는 애가 힘센 애를 괴롭힌다.'
참, 웃기는 이야기다.

종석이는 키가 커서 2분단 맨 끝에 앉아 있다.
그 옆 1분단 끝에 우리 반에서 '짱'이라는 남자인 부반장 일주가 앉아 있다. 일주는 키도 크고 힘도 세지만, 공부도 잘하고 운동도 잘해 모든 친구들이 좋아하는 아이다.
일주는 반 친구들을 괴롭히지 않는다. 부반장인 때문이기도 하겠지만 원래 남을 괴롭힐 줄 모르는 아이다.
그런 일주가 꼭 한 명, 종석이만은 때리기도 하면서 혼을 내주었던 것이다. 아마, 다른 친구들을 괴롭히는 것이 못마땅하였고, 부반장으로서의 책임도 있어서일 것이다.
그러니, 요즘은 종석이가 예전처럼 맘대로 애들을 괴롭히지도 못할 뿐더러 늘 불만스러웠을 것이다. 그 불만과 짜증스러운 것을 집에 가서 자기 엄마에게 말을 하니 종석이 엄마는 종석이 말만 듣고 학교에 찾아와 종석이를 괴롭히고, 왕따 시킨다고 애들을 불러 놓고 야단을 친 것이다.
종석이 엄마에게 불려 간 애들은 죄인처럼 고개 숙인 채 아무 소리 못하고 야단맞는 모습을 반 친구들이 보고, 교실에 와서 말하는 바람에 다른 애들까지 우르르 달려 나가 그 광경을 보았다.
그리고는 몇 애들이 선생님을 찾아가 이른 것이다.

그 말을 듣고 선생님이 갔을 때는 이미 종석이 엄마는 없고, 풀 죽어서 멍하니 있는 남자 애들만 있었다. 선생님이 애들에게 다가가자 한두 명은 눈물까지 흘리고 있었다.

오후에 선생님은 무척 화가 나셨다.
교실이 쥐 죽은 듯 조용해졌다.
선생님은 종석이를 비롯해 오늘 종석이 엄마에게 혼났던 일주 등 아이들에게 그 동안의 일을 말하라고 하셨다.

"김종석, 일주와 다른 애들이 매일 너를 때렸어?"
"예!"
종석이는 자신 있게 대답했다.
"왜 때렸는데?"
"몰라요? 그냥, 괜히 때려요?"
"그래, 괜히 때려…. 나쁜 놈들이군. 괜히 맞으니까 억울하냐?"
"예!"
"그래서, 엄마한테 억울해서 친구들 혼내 주라고 일렀냐?"
"……"
"그럼, 그 동안 이유 없이 너한테 괜히 맞은 애들은 억울하지 않아서 집에 가서 얘기 안 했냐?"
"……"

"정일주, 너 왜 종석이를 괜히 때렸지?"

"……."

처음엔 일주는 얼굴이 붉어졌을 뿐 대답을 못했다.

"정일주, 넌 부반장이잖아. 왜 때렸는지 얘기 해!"

그러자, 일주가 기어들어가는 소리로 대답을 했다.

"종석이가 애들을 괴롭혀서 혼내 줬어요."

"종석이가 다른 친구들을 괴롭힌다고 부반장이 똑같이 때리고 혼내면 되나?"

"아니오."

선생님께서는 한참을 말없이 서 계시다가 말씀을 하기 시작하셨다.

"선생님이 늘 여러분에게 강조하여 말했듯이 앞으로는 대인관계가 가장 중요합니다. 공부를 잘해도, 운동을 잘해도, 친구들과 잘못 사귀며 친구들에게 사랑받지 못한다면 아무 소용 없습니다. 여러분 잘 알다시피 왕따, 왕따 하지요. 잘 생각해 보세요. 어떤 친구들이 왕따를 당할까요? 물론 아무리 친구가 못마땅하다 해도 왕따 시키는 것은 잘못입니다. 그러나 아무나 왕따를 당하지는 않지요? 공부를 잘한다고 잘난 체 하거나, 부자라고 가난한 친구를 업신여기는 아이, 괜히 친구들을 괴롭히는 아이…, 하여간 여러분이 그런 애는 못됐다고 느끼는 그런 친구가 왕따를 당하는 겁니다.

앞으로 우리 반은 누구도 왕따 시키지 않는, 서로가 서로를 아껴 주는 그런 친구들이 되기를 기대해 보겠습니다."

그러면서 선생님은 오늘 일은 용서를 하겠다고 하셨다.

선생님께서는 오늘 일은 모두 용서하신다고 했지만 난, 종석이 같은 애는 절대 가까이 할 수 없을 것 같다.

아니, 자기는 지 맘대로 애들을 괜히 때리고, 놀리고, 괴롭히더니…. 자기보다 힘센 아이들한테 맞았다고 엄마까지 학교에 와서 난리를 치다니….

정말 치사한 놈이다.

아무리 선생님이 왕따 하지 말라고 하셨지만, 종석이 같은 애하고는 단 한마디도 나누고 싶지 않은 게 솔직한 심정이다.

'그래, 왕따는 다 이유가 있어.

누가 멀쩡한 애를 왕따시킨담?'

왕따 이유가 있다

한 때 '왕따'가 사회 이슈로 떠올랐던 적이 있었지요. 물론 지금도 왕따는 금기의 대상이 되어 '왕따 없는 학교', '왕따 없는 학급' 운영을 위해 상급 교육기관에서는 학교 및 교사들을 독려하고 있습니다.

초등학교의 경우에서는 중·고등학교의 '학교 내 왕따'와 같이 심각한 수준은 아닙니다. 하루의 학교생활 모두를 담임교사와 함께 하는 현 학급담임제에서 담임교사는 아이들의 교우관계를 속속들이 파악하고 적절한 대응을 하기 때문이지요.

하지만, 왕따가 결코 바람직한 현상은 아니지만 정도의 차이는 있을지라도 집단생활에서 왕따는 존재하기 마련입니다. 다양한 성향의 개인들이 모여 집단을 이루고 있기 때문에 남에게 호감을 갖게 하는 성향뿐 아니라 남에게 혐오감을 갖게 하는 성향도 공존할 수밖에 없기 때문이지요.

초등학교의 경우 교사의 지도 영향으로 심하게 왕따 당하는 아이는 없을지라도 내 아이의 학교에서의 교우관계를 알아 볼 필요는 있습니다.

만약, 내 아이가 주변의 또래 아이들에게 선생님도 모르게 따돌림 당하고 있다면 분명 그 이유가 있을 것입니다.

그 이유가 내 아이의 성향에서 비롯된 것이라면 따돌림 하는 또래 집단을 나무라기보다는 내 아이의 따돌림의 원인이 되는 성향을 고치도록 노력해야 합니다. 이러한 성향이 상급학교를 거쳐 성인 사회로 이어진다면 내 아이의 대인관계는 불을 보듯 뻔하지 않을까요?

'말을 물가에 끌고 갈 수는 있지만 물을 강제로 먹일 수 없다'라는 격언과 같이 아무리 훌륭한 교사라도 형식적으로야 급우들 간의 화기애애한, 따돌림이 없는 분위기를 조성할 수는 있겠지만 진정으로 함께 하기 싫은 아이에게 정을 주게 하지는 못할 것입니다.

이것은 성인 사회 집단에서도 마찬가지이지요.

학기말이나 학년말 생활통지표에 혹시라도 '교우 관계의 폭이 좁다'거나 '고집이 세어 친구들과 다툼이 잦다', '친구들과 잘 어울리지 못한다' 등의 교우관계 측면에서 부정적인 평가를 받은 아이라면 부모는 아이의 교우관계에 세심한 관심을 기울여야 합니다.

그 동안의 교육 경험으로 판단하건데 초등학교 아이들이 함께 놀기를 싫어하는 아이들은 대체로 다음과 같은 유형의 아이들입니다.

> **초등학교 아이들이 싫어하는 아이**
>
> - 자신의 주장이 강하고 고집이 센 아이
> - 자기만 아는 자만하는 아이
> - 친구의 잘못을 선생님께 고자질하는 아이
> - 툭하면(건드리기만 해도) 우는 아이
> - 친구를 이유 없이 괴롭히는 아이
> - 스스로 어울리기를 꺼리는 아이

위에 제시하는 유형들은 예시일 뿐이고 아이들의 성향은 복합적이기에 어떤 한 성향으로 따돌림이 정형화되지는 않습니다. 고집이 센 아이라도 친절한 면이 부각되어 친구들에게 호감을 줄 수도 있기 때문이지요.

초등학교 아이들의 경우, 신체적인 장애라거나 물리적인 가난 등은 따돌림의 원인이 되지 않습니다. 아이들은 순진하고 착하기 때문에 오히려 감싸주고 도와주려는 경향이 많지요.

이런 착한 심성의 아이들 속에서 내 아이가 따돌림을 받는다면 따돌리는 다수의 아이들이나 따돌림을 제재 못하는 교사를 탓하기 전에 내 아이부터 바뀌도록 노력해야 합니다.

교우관계를 확인하는 중 따돌림을 알게 되었다면 담임교사와의 상담이나 주변 친구들과의 면담을 통하여 아이의 따돌림 당하는 원인을 파악해서 그러한 원인이 되는 성향을 고칠 수 있도록 노력해야 합니다.

심한 경우라면 전문가의 도움을 받더라도 아이들과 잘 어울릴 수 있도록 내 아이를 변화시켜 원만한 대인관계를 맺을 수 있도록 하는 것이 부모의 도리이며 진정한 자식 사랑입니다.

왕따는 분명 이유가 있습니다.
내 아이의 원인이 되는 행위는 제쳐 두고 드러나는 결과만 탓한다면 '초등학교 아이들의 작은 따돌림'은 헤어날 수 있어도 앞으로의 대인관계의 결함은 어찌 하겠습니까?

21세기는 NQ(대인관계 지수)가 가장 중요한 성공과 행복의 요인이라는 말을 다시 한번 생각해 보아야 합니다.

친구가 괴롭힌다고 하소연하는 아이

**어느 날 갑자기 아이가 학교에 가기 싫다고 합니다.
같은 반 아이가 괜히 때리고 괴롭힌다고 합니다.
선생님께 말씀드리라고 하면, 내가 일러서 그 아이가 선생님한테 야단맞으면 나중에 더 괴롭힐 거라고 겁을 먹습니다.**

이런 경우 부모는 극소수를 제외하고는 내 아이가 폭력에 시달린다고 걱정을 하게 되지요. 더구나 요즘처럼 학교 폭력이나 왕따 등이 사회 이슈가 되어 있는 때에는 큰일이라도 난 듯 걱정을 하게 됩니다.

부모는 학교에 전화를 한다거나, 직접 학교를 찾아와 담임과 상의하게 지요. 좀 더 적극적인 부모는 가해한 아이를 직접 찾아와 '내 아이를 괴롭히지 말라'고 협박을 내포한 설득을 하기도 합니다.

우선, 이런 경우 희미하지만 부모 자신의 초등학교 시절로 되돌아가 자신의 학교생활을 회상해 보기를 권합니다.

옛날이나 지금이나 아이들은 아주 사소한 일로 다투기도 하고 악의 없이 급우들을 때리기도 하지만, 극소수를 제외하고는 부모가 걱정할 만큼 심각한 상태는 아닙니다. 오히려 아이들 집단에서의 보편적인 하나의 과정이며, 그러한 과정을 통해 자신의 사회성을 길러 가는 것이지요.

이러한 인내와 적응, 타협 등의 사회습득 기회가 과민한 부모로 인해 박탈당한다면 아이는 정상적인 사회성을 갖기 어려울 것입니다.

간혹 모든 아이들을 때리고 괴롭히는 폭력 아이가 있다면 담임이 모를 리 없고, 담임은 이미 적절한 조치를 취했을 것입니다. 모든 아이들이 내 아이만을 괴롭히는 소위 '왕따'의 경우라도 대부분 그 원인은 내 아이 자신에 있는 경우가 대부분이며, 이런 경우라도 늘 아이들과 함께 생활하여 아이들 간의 교우관계를 잘 알고 있는 초등학교에서는 담임의 적절한 조치가 있었을 것입니다.

아주 심한 경우가 아니라면 부모는 내 아이의 말을 확신하지 말고 오히려 그 상황에 적응할 수 있는 적절한 대응 방법을 설득력 있게 이해시켜야 합니다.

아이들은 지나치면서 악의 없이 툭 건드리는 경우라도 맞았다고 생각하는 경우가 허다하며, 특히 이성 간에는 이런 경향이 더 두드러집니다. 부모는 무조건 내 아이의 역성을 들기보다는 그 괴롭힘의 경중을 잘 헤아리고, 특별하게 가해 아이가 내 아이만을 괴롭힌다면 그 원인을 나름대로 판단하여 슬기롭게 대응하도록 하여야 합니다.

아이들의 문제는 자신들의 세계 속에 자기들끼리 해결하도록 하는 것이 최선입니다.

부모나 교사가 개입된다면 아이는 내내 자신의 문제 해결을 위해 '도우미'에 의존하게 될 것이며, 이것은 아이의 사회성 발달에 저해 요인이 될 것입니다.

아이들이 피해를 느끼는 상황은 매우 주관적이어서 똑같은 상황도 괴롭힘으로 받아들이는 아이가 있는가 하면 그저 일상적인 장난으로 받아들이는 아이들도 있습니다. 무심히 툭 건드리며 지나간 상황에서 소리 내어

울며 자신의 억울함을 표현하는 아이도 있지만 그 정도라면 무감각하게 아무런 반응을 하지 않는 아이들도 있습니다.

과연 어떤 아이의 반응이 바람직한 반응일까요?

보편적으로 학교 내 폭력이라고 간주될 만큼 심한 경우가 아니라면 이런 경우 오히려 '내 아이가 당한 것처럼, 내 아이가 다른 아이를 악의 없이도 괴롭히게 되는 경우가 있을 수 있음'을 상기시킬 수 있는 계기가 되도록 지도하기를 권합니다.

'다른 아이가 나에게 행한 행동이 싫다면, 나 역시 다른 아이에게 그러한 행동을 하지 않는다'

이것은 아이들의 사회생활 뿐 아니라 성인 세계에서도 소중하게 지켜져야 할 원칙이기 때문입니다.

친구들에게 환영받는 아이와 환영받지 못하는 아이

아이들의 세계 역시, 사람들이 어울리는 하나의 사회이기 때문에 환영받는 아이와 환영받지 못하는 아이가 있게 마련입니다.

다른 아이들에게 환영받는 아이라면 교우관계가 원만하고, 이러한 경험들은 어른이 될 때까지 지속되어 성공적인 대인 관계를 유지할 것입니다. 그러나 만약 아이가 다른 아이들에게 환영받지 못하는 아이라면 아이는 따돌림을 경험하게 되며, 이러한 경험들은 아이를 위축시키고, 성장해서도 원만한 대인관계를 유지하기 어려울 것입니다.

다음에 제시하는 '환영받는 아이'와 '환영받지 못하는 아이'의 특성을 내 아이에게 세심하게 적용해 보고, 만약 내 아이가 '환영받지 못하는 아이'의 특성을 많이 가졌다면 그 이유가 무엇인지 생각해서 그 원인을 제거하는 데 많은 노력을 해야 할 것입니다.

친구들에게 환영받는 아이

▶ 친구를 잘 사귀고, 놀이에 적극 참여하는 아이
▶ 친구의 물건에 함부로 손대지 않는 아이
▶ 재미있는 놀이나 이야기 거리를 많이 아는 아이
▶ 항상 즐거워 보이고, 잘 웃는 아이
▶ 친구들과 인사를 잘하고, 학급 일에 협동적인 아이
▶ 친구의 감정을 잘 헤아릴 줄 아는 아이
▶ 자신에 긍정적이고 소신 있게 행동하는 아이
▶ 친구들의 장점을 찾아 칭찬을 많이 하는 아이

친구들에게 환영받지 못하는 아이

▶ 자기만 아는 자기중심적인 아이
▶ 다른 아이들을 집적거리며, 싸움을 즐기는 아이
▶ 남의 일에 관심이 없고, 말이 없는 아이
▶ 소극적이며 성취욕이 부족하고 잘 웃지 않는 아이
▶ 게임이나 놀이를 할 때 승부욕이 너무 강한 아이
▶ 자신감이 없고 늘 위축되어 있는 아이
▶ 확고한 자신의 의지가 없이 이끌려만 가는 아이
▶ 칭찬에 인색하고, 질투하는 아이

보통의 부모는
흔히 겉으로 보이는 아이의 모습을 쉽게 믿습니다.
그러나 진정한 사랑을 담은 부모의 눈과
귀는 아이의 눈에 보이지 않는 가슴과 마음을
보고, 들을 수 있습니다.

대인관계

9. N.Q

- 혼자 노는 아이
- N.Q(대인관계 지수)
- 부모로부터 배우는 우정
- 친구가 없어요

혼자 노는 아이

우리 아들 아이 학교 들어가 처음 맞는 생일이다.
아이보다 내가 더 들떠 있나 보다.
'우리 아이의 학교 친구들은 어떤 아이들일까?'
'혹, 예쁜 여자 친구라도 생겼는지도 모르지….'
잔뜩 부풀어서 아침에 학교 가는 아이에게 오늘 초대할 아이 수를 물었다.
"진영아, 오늘 몇 명이나 오니?"
"글쎄."
"아니, 아직 초대 안 했어?"
"몇 명에게 오늘 생일이라 말은 했는데…."
"그래, 그래도 한 열 명은 오겠지?"
"아니, 그 정도는 안 될걸요"
"엄마가 많이 준비할 테니 걱정 말고, 많이 데리고 와. 맛있는 거 많이 준비할게…."

아니, 이게 웬일이랴? 정작 오후에 생일이라고 온 아이들은 달랑 남자 아이 두 명뿐이지 않은가? 그 아이들마저도 아주 친한 친구들은 아닌지 내주는 음식만 열심히 먹을 뿐 와자지껄 떠들지를 않는다.

'아니, 저 놈들 친구라면 신이 나서 떠들고 난리일 텐데….'

그나마도 한 시간 정도 먹다가 가버렸다.

그런데도 우리 아이는 서운한 감정을 찾아볼 수가 없다.

"진영아, 너 왜 친구들 많이 부르지 않았니?"

"별루 친한 친구가 없어."

"그래두, 니 생일인데…. 생일이라고 얘기하고 초대했으면 많이 올 거 아냐? 음식두 많이 준비했는데 많이 좀 부르지…. 아깝게 음식만 많이 남았네."

"개들도 지들 생일 때 날 안 부르는데 뭐 하러 불러요. 걱정 말아요. 음식 많이 남았으면 내가 두고두고 먹지 뭐…."

아니, 이 녀석 학교에서 아이들과 잘 어울리지 못하는 거 아냐?

매일 집에 오면 만화책이나 보고, 강아지 하고나 놀고, 컴퓨터 앞에만 있고, TV나 보더니….

나가 노는 걸 싫어해서 혹시나 했는데….

말 잘 듣고, 말썽부리지 않아서 좋아했더니….

혹시,

이 녀석 학교서 왕따 당하는 거 아닌가?

요즘 '스따(스스로 따)'가 많다더니 혹시 스따가 아닐까?

인간관계 지수(N.Q)

21세기의 가장 중요한 무기는 N.Q이라고도 합니다.

I.Q(지능지수), E.Q(감성지수), S.Q(사회성지수) 등 지수도 여러 가지이지만 사람들과의 관계를 형성하는 인간관계지수(Network Quotient)가 21세기에 가장 중요한 성공요인이자 행복의 열쇠라고도 합니다. 이렇듯 인간관계지수가 부각되는 것은 끊임없이 발전하고 새롭게 변하는 네트워크 시대에 혼자만의 힘으로 살아가기에는 한계가 있기 때문입니다.

그럼에도 우리의 부모들은 어떠한가요?

부모가 자녀의 공부나 특기 교육에만 전력을 기울여 아이에게 친구들과의 어울림의 기회를 박탈하고 있지는 않은가요? 좋은 친구, 공부 잘하는 친구만을 고집하여 아이에게 친구 선택의 폭을 제한하고 있지는 않은가요? 이런 부모들 밑에 자라는 우리 아이들의 앞날은 어떻게 될까요?

인간관계지수는 사람들과의 관계를 얼마나 잘 운영할 수 있는가 하는 능력입니다.

이제 지능보다도 남과 잘 어울릴 수 있는 능력을 길러주는 것이 현명한 부모들의 과제입니다.

인간관계에서도 가장 중요한 관계가 친구관계이며, 친구 간에 나누는 정을 우정이라 합니다.

우정에 대하여는 동서고금을 막론하고 숱한 예화나 속담 격언 등이 있어 어른이나 아이나 우정의 소중함을 모르는 사람은 없지요. 그래서 부모는 일과로서 학교 가는 아이에게 '친구와 사이좋게 지내'라고 입버릇처럼 말하게 됩니다. 학교서도 선생님이 같은 말을 되풀이함으로써 아이에게서 '친구와 사이좋게 지내라'는 어른들의 조언은 이미 귀에 못이 박힌 사실이 되어 버렸지요.

그러나 알고 있는 것과 실천하는 것은 별개입니다. 사람 사귀는 것은 이론으로, 자기 뜻대로 되는 것이 아니기 때문입니다.

학교 공교육의 최대의 장점이 바로 원만한 교우관계 형성을 위한 실천의 장을 제공한다는 것입니다. 서로 성향이 다른 친구들과 함께 어우러지면서 다양한 인간관계를 경험하게 하기 때문이지요.

부모들은 교우관계 형성의 최고의 기회를 십분 활용할 수 있도록 아이의 친구관계에 세심한 주의를 기울여야 합니다.

부모로부터 배우는 우정

이제 가정에서 부모들은 아이의 원만한 교우관계 형성을 위해 우정을 몸소 실천함으로서 '참된 우정'을 자녀에게 가르쳐야 합니다.

학교교육은 집단교육이라는 특성상 아이 개개인의 교우관계에 개입하는 것은 무리이므로 개인간의 우정을 키우는 것은 가정에서의 부모의 몫입니다. 부모가 자신의 성숙된 친구관계를 아이에게 보여 줌으로서 스스로 우정의 소중함을 깨닫게 될 것입니다.

이런 취지에서 다음 몇 가지 방법을 제시하고자 합니다.

- **부모의 친구관계를 소상히 얘기 해줍니다.**

인천 사는 ○○ 아저씨는 초등학교 동창이고, 분당 사는 ○○ 아저씨는 대학 동창이며, 서울 강동에 사는 ○○ 아저씨는 현 직장 동료라는 등의 친구관계를 소상하게 이야기 해 줍니다.

친구와의 소중한 추억이나 에피소드, 친구가 되었던 계기등도 이야기 해 주면서, 아이의 현재 친구관계도 소상하게 물어봄으로서 부모의 친구관계와 자신의 친구관계가 자연스럽게 연결지어 지도록 합니다.

- **친구들 간의 가족여행에 자녀를 동반합니다.**

 요즘은 친구들 간에 친목회나 동창회 등을 조직하여 여행 등의 행사를 갖기도 하는데, 이 경우 부부동반보다는 자녀를 동반하는 가족여행이 되도록 권합니다.

 아이는 부모 친구들과의 오랜 우정을 경험하기도 하면서 또 다른 자녀들과의 새로운 인간관계 형성의 기회를 갖게 될 것입니다.

- **친구들을 집에 자주 초대합니다.**

 집에 친구들을 초대하는 것은 쉬운 일이 아니지요. 그렇더라도 가끔 친구들을 초대하여 정성껏 대접하는 모습을 보여 주어야 합니다.

 이때, 아이에게 인사만 시키고 제 방으로 보내지 말고 얼마간 접대 자리에 함께 동석케 하여 그 분위기에 익숙하게 하여야 합니다.

- **초대에 응할 때에도 자녀를 동반합니다.**

 흔히 집들이라거나 개업, 생일 등에 친구를 초대하거나 초대받기도 합니다. 이런 친구간의 초대에 응할 때는 가능하다면 자녀를 동반합니다. 초대의 의미와 초대해야 하는 경우를 경험하게 되며, 친구로서의 도리 또한 배우게 될 것입니다.

초대에 응할 때는 꼭 선물을 준비하여 아이에게 나눔과 보답의 의미를 깨닫게 하는 것이 좋습니다.

● **동창회 활동(체육대회, 등반대회, 야유회 등)에 자녀를 함께 동반합니다.**

요즘 동문체육대회나 야유회 등에는 가족 동반을 장려하기 위해 별도의 가족프로그램을 계획하는데, 이러한 동창회 활동에 자녀를 동반합니다. 아이는 동창의 의미, 현재의 급우들이 얼마나 소중한 친구인가, 이러한 교우관계가 먼 훗날까지 이어짐으로 지금의 친구들과 어떤 관계를 맺어야 하는지를 스스로 느낄 수 있는 기회를 갖게 될 것입니다.

● **이웃과 정을 나누는 것을 보여 줍니다.**

예부터 '이웃사촌'이라 했는데, 요즘은 이웃간에 담을 쌓고 지내는 경우가 많습니다. 이런 성인들의 모습은 아이에게 그대로 전달되어 설혹 또래의 친구가 이웃에 있더라도 소원하게 지낼 것입니다.

이웃은 소중한 친구입니다.
그러므로 부모가 솔선하여 아이에게 이웃과 부침개 한 개라도 나누며 사는 모습을 보여 주어야 합니다.
이 때 그 심부름은 아이에거 시키는 것이 좋습니다.

친구가 없어요

요즘 아이들의 친구관계는 어떠한가요?

요즘 아이들의 친구관계의 특징으로는 우선 **이중성**을 꼽을 수 있습니다. 모르는 친구끼리 처음 인사를 트고 이야기를 주고받는 데는 스스럼없으면서도 마음을 터놓는 친구는 없다는 것입니다.

마음을 터놓지 않고, 친구를 신뢰하지 않으면서도 겉으로는 원만한 친구 관계를 유지하는 아이들이 많다는 것이지요.

또 다른 특징은 '**돈이 없으면 친구도 없다**'는 것입니다. 요즘 아이들의 친구 사이의 가장 중요한 연결고리는 숱한 기념일을 잘 챙기는 것이고, 마음 가는 데는 물질이 가야한다고 생각하는 것이 아이들의 생각입니다.

또 다른 특징은 '**스따(스스로 따)**'가 늘고 있다는 것입니다.

책이나 애완동물, 인형, 게임, 인터넷 채팅에 빠져 있어 친구 없이도 혼자 잘 노는 아이들이 늘어나고 있지요. 혹, 부모들은 아이의 이런 모습을 보고 착한 아이, 집중을 잘 하는 아이라고 좋아할 수도 있습니다.

그러나 이렇듯 관계 맺기를 꺼려하거나 서툰 아이는 공격적이거나 독선적인 청소년으로 성장한다는 사실을 간과해서는 안 될 것입니다.

우리 아이들이 왜 이렇게 변했을까요?

친구를 잘 사귀게 하려면

- ▶ 자신감을 갖게 합니다.
- ▶ 열린 마음을 길러 줍니다(자신만의 주장만 내세우지 않게).
- ▶ 친구들의 공통적인 관심사에 소홀하지 않도록 합니다.
- ▶ 친구의 실수를 용서해 주는 넉넉한 마음을 길러 줍니다.
- ▶ 친구를 독점하지 않도록 합니다.

요즘 아이들이 친구를 사귀는데 어려움을 겪는 것은 아이의 기질 때문이라기보다는 환경 탓이 큽니다. 어른 세대는 여러 형제 속에 인간관계를 배우고, 골목이나 동네 마당에서 친구들과 어울려 놀면서 자연스럽게 대인관계 기술을 익힐 수 있었습니다. 그러나 한두 명의 왕자와 공주로 자란 아이들은 남의 감정을 주고받고 배려하는 관계를 경험하기 쉽지 않은데, 그나마 아이들을 학원 등으로 몰아넣고 있으니….

나는 어떠한가요?

가뜩이나 친구 사귀기가 어려운 아이에게 '옆집 민수는 어떤데…' 하는 등 모든 친구들과 경쟁관계로 몰아붙이지는 않은가요? 부모의 성에 차지 않는다고 윽박질러서 아이의 자존감을 상실케 하고 자신감 없는 아이로 만들고 있지는 않은가요? 혹, 과잉친절로 아이 친구 문제에 지나치게 관여하여 아이에게 친구 문제에 큰 부담을 주고 있지는 않은가요?

이제는 부모들도 생각을 달리해야 할 때가 되었습니다.

내 아이에게는 '친구를 잘 사귄다는 것'은 소중한 경험이며, 아이의 인생에 큰 자원이 될 것입니다.

어느 봄날
고치의 한쪽 구멍에서 나비가 막 빠져 나오려고 발버둥치는 것을 본 한 남자가
나비가 빨리 나오도록 손으로 꺼내 주었습니다.
그런데 나비는 나오자마자
그의 손위에서 죽고 말았습니다.
기다림은
희망이요, 내일입니다.
혹, 나는 지나친 기대와 성급함으로
내 아이를 죽이고 있지는 않은가요?

10. 독서 지도

- 아이가 독후감을 쓰지 않아요?
- 왜 독서교육이 강조되는가?
- 책을 읽지 않는 아이, 이유가 있다.
- 어떤 책을 읽게 할 것인가?

아이가 독후감을 쓰지 않아요?

진수 어머님!

강제적 독후감 쓰기는 자칫 잘못하면 아이의 독서 의욕을 꺾어버리는 계기가 되기도 합니다.
어른들도 가끔은 아이의 입장에서 생각해야 합니다.
어른들께 책을 읽을 때마다 독후감을 쓰라고 한다면 과연 몇 명이나 책을 읽게 될까요?
어려서 감명 깊게 읽은 책은 독후감의 기록이 없더라도 몇십 년이 지난 지금에도 생생하게 기억됩니다.

강제성을 띤 독후감은 결국 책을 읽은 소감을 기록하는 의미는 퇴색되고, 내가 이런 책을 읽었노라고 하는 전시 효과와 글쓰기 연습이 될 뿐입니다.

그러므로 아이가 원치 않으면 독후감 쓰기는 강요하지 마세요.
차라리 일기에 오늘 이러이러한 책을 읽었는데, 내용이 어떠해서

참 재미있었다는 등 서너 줄의 기록물을 남기게 해 보세요.

그림 그리기를 좋아하는 아이라면 가끔은 시간적 여유가 있을 때 기억에 남는 장면을 상상해서 그려보라거나, 동시 쓰기를 좋아하는 아이라면 책의 내용으로 동시를 지어보게 하거나, 주인공에게 편지 쓰기 등 의무감 없이 즐겁게 할 수 있는 방법은 많겠지요.

어쨌든 좋아서, 재능이 있어서 스스로 독후감을 쓴다면 굳이 말릴 필요가 없지만, 아이에게 책읽기도 버거운데 독후감의 짐까지 지우는 건 지나치지 않을까요?

문제는 학교에서 독서장제를 실시하면서 독후감의 개수로 독서왕이니 금장이니 하면서 아이들의 독서를 독려한다고 시상을 하는 게 문제가 되는데….

학교서야 많은 아이들의 독서량을 확인할 방법이 마땅치 않아 어쩔 수 없다 하지만, 가정에서까지 독후감의 부담을 주어서야 되겠어요?

책을 즐겁게 읽는 아이라면, 그냥 즐겁게 책을 읽도록 하세요.

책 읽는 궁극적 목적은 무엇을 읽었으며 느낌이 어떠한지 기록을 남기는 것이 아닙니다. 아이나 어른이나 감명 받은 내용은 내내 머리 속에 고이 간직되지요. 이것이 책을 읽는 목적입니다.

억지로 독후감을 쓰게 한다면 엉뚱한 말장난 기술만 늘어나겠지요.

논리력을 길러주기 위해서라면, 이미 책을 읽는 것만으로도 충분하리라 생각됩니다.

부탁하건데, 아이 역시 나와 같은 인간으로 똑같이 생각하셔서 내가 싫으면 아이도 싫을 것이라고 생각해 보세요.

공부하는 학생이니까 모든 걸 다 수용해야 한다고 몰아세운다면, 방학 내내 놀다 일기조차 개학 전날에 몽땅 써버렸던 자신의 어린 시절을 한번 돌아보세요.

하루 8시간 근로가 벅차서 주 5일제(주 40시간)를 시행하는데, 아이에게는 사무실에서 근무하는 것보다 힘든 학교 수업과(주 32시간) 학원, 과외…, 부모의 근로 시간인 40시간이 훨씬 넘지요?

거기다 독후감까지 강요한다면….

이제부터는 아이 편에서 생각해서 책을 읽는 것만으로도 만족하고, '공부하느라 힘든데도 책을 읽는구나' 하면서 머리를 쓰다듬어 주세요. 아이가 확 달라질 겁니다.

왜 최근에 독서교육이 강조되는가?

'하루라도 책을 읽지 않으면 입 안에 가시가 돋는다'는 안중근 의사의 말처럼 동서고금을 막론하고 독서의 중요성이 강조되지 않은 시대는 없었지요. 그럼에도 우리의 교육 현실에서는 교과교육에 밀려 독서교육이 등한시되어 왔음은 사실입니다.

그러나 최근 들어 독서에 대한 사회적 관심이 부쩍 높아지고 있는 것과 때를 같이해 공교육에서도 독서교육이 강조되고 있습니다. 막연히 독서교육의 중요성을 부각하는 것이 아니라 정책적으로 독서교육을 강조하면서 체계화하고 있는 것이지요.

그 사례들을 열거하면 다음과 같습니다.

▶ 중·고등학교 학적부에 독서활동 영역을 신설, 2009년부터 대학입시에 독서활동 실적을 반영합니다.
▶ 각급 공립학교는 학교 운영비의 5% 이상을 의무적으로 도서 구입비로 지출하도록 하고 있습니다.

▶ 초등학교에까지 점차적으로 사서교사를 배치하고 있습니다.
▶ 도서실 확충 및 리모델링을 위하여 희망하는 학교에 적극적으로 지원하고 있습니다.
▶독서교육 실천사례 연구대회를 통해 우수교사에게 승진 가산점을 부여하여 학교에서의 독서교육을 강화하고 있습니다.

왜 이렇듯 독서교육이 강조되고 있을까요?

그것은 미래의 세계를 책임질 성장세대가 점점 책과 멀어지고 있어, 독서의 빈곤이 가져올 위험 사호에 대한 위기감 때문이지요.

독서는 인류문화의 계승과 새로운 역사 창조에 중요한 역할을 할뿐 아니라 자신의 성취감과 사고력을 증진시켜 자기 주도적 학습능력을 신장시켜 줍니다.

또한 독서는 아이들의 바른 가치관 형성과 정서순화 및 풍부한 간접경험의 기회를 제공하기 때문에 독서에 대한 흥미를 갖게 하고 올바른 독서를 하도록 지도하는 것은 어느 누구에도 중요하고 가치 있는 일입니다.

한마디로 독서는 평생 지식을 습득할 수 있는 기본 학습력을 제공하고 바른 인격 형성의 기초 소양이기 때문이지요.

그럼에도 불구하고 부모들의 독서에 대한 관심은 어떠한가요?
요즘의 부모들은 자녀들의 성적과 관련된 교과공부나 특기교육에만 관심을 기울입니다. 장기적 관점에서의 아이들의 지적능력 향상보다도 단기적으로 드러나는 성적이나 눈에 들어나는 효과를 기대하기 때문입니다. 학교나 교육기관에서, 사회에서 독서의 중요성은 귀가 아프도록 들어 왔지만 당장 눈앞의 결과가 없기에 한 귀로 듣고 한 귀로 흘려버리고 마는 것이지요.

어려서부터 교과학습을 위해 지겹도록 책과 씨름해 오던 아이들은 오히려 책을 싫어하게 됩니다. 우리의 자녀들이 대학 입학과 동시에 혹은 대학 졸업과 동시에 책과 담을 쌓는 현실은 이를 단적으로 증명해 주고 있지요.

이제 2009학년도부터 독서활동 실적을 대학입시에 반영한다고 하니 형식적이나마 가정에서도 아이들의 독서활동에 관심을 갖게 될 것입니다.

그러나 이렇듯 강제로 떠먹여주는 독서가 아이들의 인격 형성에 무슨 도움이 될까요?

책을 읽지 않는 아이 이유가 있다

요즘 아이들은 스스로 책을 읽으려 하지 않습니다.

초등학교 아이들은 부모나 교사의 권유에 의해 책을 읽기 시작하여 독서에 흥미를 갖고 있는 아이들이 소수 있기는 하지만 대부분의 아이들은 독서에 관심이 없지요.

이렇듯 독서에 관심이 없고 책을 읽지 않는 이유는 무엇일까요?

그 근본 원인은 아이들이 자라온 환경에 기인합니다.

나날이 발전하는 문명이기(文明利器)들은 현란한 볼거리를 제공하고 있으며, 그것도 손쉽게 접할 수 있습니다. 이러한 즐거움을 줄 수 있는 요소들이 주변에 널려 있고, 더구나 손쉽고 부담 없이 접할 수 있기 때문에 아이들은 굳이 책을 가까이 하지 않는 것이지요.

또한 부모 역시 TV나 컴퓨터 등의 문명이기에 도취해 책과는 담을 쌓고 있으니 어찌 아이들이 책을 가까이 할까요? 부모가 책을 멀리하면서 책을 읽지 않는 아이를 어떻게 나무랄 수 있을까요?

그러면 어떻게 아이들에게 책을 읽게 할까요?

성장기의 아이에게는 주변 환경이 성향을 결정짓는 중요한 변수가 됩니다. 그러므로 독서를 생활화하기 위해서는 무엇보다도 주변 환경을 긍정적으로 변화시키는 것이 중요하지요.

다음에 열거하는 독서환경은 중요성의 경중으로 서열화한 것이 아니므로 가능한 것부터 실천할 수 있기를 바랍니다.

첫째, 부모가 모범을 보여야 합니다.

부모가 TV 앞에서 떠날 줄을 모르면서 아이에게는 책을 보라고 강요한다면 아이의 반응은 어떠할까요?

우선 부모부터 변화하여 아이 앞에서 책을 읽는 모습을 보여 주어야 합니다. 소파에 앉아서라도 좋고, 신문이나 잡지라도 좋습니다. 무언가에 몰두하여 글을 읽는 모습을 아이에게 보여주면 강요하지 않아도 아이는 자연스럽게 책과 가까워질 것입니다.

둘째, 손쉬운 볼거리에서 멀리하게 합니다.

아이들은 어려서부터 TV나 비디오 등을 통해 많은 볼거리를 제공받고, 성장하면서 컴퓨터, 인터넷에 익숙해져 갑자기 이런 문명의 이기들을 제한한다는 것은 반항심을 심어주는 계기가 될 것입니다.

그러므로 처음부터 무리하게 제약을 가하기보다는 아이와의 합의하에 TV시청 시간과 컴퓨터 활용 시간을 정하고, 그 시간을 차츰 줄여나가는 것이 좋습니다. 이 경우 부모의 TV 시청 시간이나 컴퓨터 활용 시간도 당연히 제한되어야 합니다.

셋째, 가끔 책 내용 등을 주제로 자연스럽게 대화를 나누는 기회를 갖습니다.

책을 읽을 때마다 점검하듯이 빠짐없이 대화를 나누도록 한다면 아이는 오히려 책에 대한 흥미를 잃게 됩니다. 가끔 그것도 넌지시 부모가 알고 있는 내용을 대화의 주제가 되도록 해야 합니다.

"엄마는 피노키오가 거짓말을 할 때마다 코가 늘어난다는 게 참 재미있었어. 우리 사람들도 거짓말을 할 때마다 코가 늘어난다면 우리 ○○이의 코는 얼마나 될까?"

"백설 공주, 참 불쌍하지? 그래도 일곱 난쟁이를 만나서 다행이었어."

이렇듯 넌지시 책의 내용을 화제로 삼고 아이의 반응에 따라 대화를 이끌어 간다면, 아이는 부모가 알고 있는 내용을 자신도 알게 되었다는 긍지와 함께 더 많은 책을 읽어야겠다는 동기를 갖게 될 것입니다.

넷째, 책을 읽은 후의 활동을 강요하여 부담을 주어서는 안 됩니다.
책을 읽은 후 도서 목록을 작성하거나 독후감을 쓰게 하는 등의 부담이 아이의 독서에 대한 흥미를 반감하는 결과가 됨을 경험하였습니다. 이미 독서가 생활화된 아이라면 가능하겠지만 이제 막 책에 흥미를 갖으려고 하는 아이라면 책을 읽는 자체만으로 만족해야 합니다.

다섯째, 동기유발을 위한 인센티브를 제공합니다.

초등학교의 경우 모든 학교에서 독서활동의 동기유발을 위해 '독서장제'를 운영하고 있습니다. 정하여진 목표에 도달한 어린이들에게 금장, 은장, 동장 등을 시상함으로써 아이들의 독서활동을 촉진시키기 위함입니다.

가정에서도 마찬가지입니다. 각 가정마다, 아이의 취향에 따라 다르겠지만 아이가 원하는 것을 보상으로 하는 소위 '인센티브'를 제공하는 것은 아이들의 동기유발에 효과적입니다. 이 경우 아이와 인센티브의 내용에 대한 합의가 사전에 이루어져야 합니다.

여섯째, 도서상품권을 선물합니다.

요즘 각종 단체에서 아이들에게 시상을 할 때 부상으로 도서상품권을 주는 경우가 많습니다. 원하는 책을 스스로 선택하게 하려는 취지이지요.

가정에서도 가끔 아이에게 보상으로써 도서상품권을 선물하기를 권합니다. 어려서부터 스스로 서점에 가서 많은 책 중에서 스스로 원하는 책을 살 수 있는 기회를 갖는다는 것은 독서에 대한 동기유발을 위해 매우 바람직하다는 생각입니다. 아이가 원하는 책을 사기 위해 서점을 서성거린 경험을 갖게 된다면, 그것만으로도 독서에 대한 동기유발은 충분하리라 생각합니다.

일곱째, 학교 독서 교육에 적극 참여하게 합니다.

최근에는 초등학교의 경우 대부분 전문사서 교사가 배치되고(미 배치교도 전문적 소양을 갖춘 담당교사를 배치 운영), 모든 학교가 독서 교육을 강화하고 있어 다양한 독서교육을 전개하고 있습니다.

학교 도서실의 시설 및 규모도 다양한 용도로 설계 운영되고 있으며, 학교 운영비의 5% 이상을 도서 구입비로 지출토록 의무화하고 있어 아이들의 독서 욕구를 충족시킬 수 있는 다양하고 충분한 도서를 보유하고 있습니다.

그러므로 아이들이 학교 독서 교육에 충실하고, 대부분의 학교에서는 1회 3권의 수시 대출제를 운영하고 있으므로 학교 도서실을 적극적으로 활용하는 것만으로도 독서 욕구를 충족시킬 수 있을 것입니다.

어떤 책을 읽게 할 것인가

아이가 초등학교 3학년일 때, 학교 도서실에서 효행관련 도서를 서너 권 대출하여 아이에게 읽어보게 하였습니다. 효행심을 길러주겠다는 심사였지요.

그러던 어느 날 아이가 정색을 하고 내게 와서 충격적인 말을 했습니다.
"아빠, 저는 효도를 못할 것 같아요."
"아니, 왜?"
"우리는 밥도 굶지 않고, 집도 있고, 엄마 아빠도 다 살아 있잖아요."

'아니, 이놈 바보 아냐?' 하는 생각보다는 내가 실수했구나 하는 생각이 퍼뜩 들었습니다. 당시 이미 아이 수준에서 독서량도 엄청났었고, ○○시 주최 백일장에서 초등부 장원을 한, 학교에서도 결코 다른 아이에게 뒤지지 않던 아이의 입에서 이런 어리석은 말이 나오다니….
이런 어리석은 말이 나오게 한 것은 아이에게 시대적으로나 상황적으로 혼돈을 일으키게 한 바로 내 책임이었던 것입니다.

아이는 그 동안 얼마나 심한 혼돈을 겪었을까?

선물이랍시고 수십 권의 위인전기전집 등을 아이에게 안겨주고 할 일 다 한듯 뿌듯해 하는 부모들에게 들려주고 싶은 일화였습니다.

아이에게 어떤 책을 읽게 할 것인가? 이런 문제는 이미 독서에 흥미를 갖고 독서를 생활화하고 있는 아이에게는 별 문제가 되지 않습니다. 다만 '이제 막 책과 대면하는 아이, 이제부터라도 책을 읽게 하고픈 아이'라면 내용이 쉽고 재미있으며 독서량이 많지 않은 책이어야 합니다. 현실감이 있는 책이어야 하고, 책을 한 권 다 읽었다는 성취감을 쉽게 느낄 수 있도록 단행본이어야 합니다. 대체적으로 많은 아이들이 즐겨 읽는 베스트셀러라면 무난하며, 이런 책은 학교 도서실을 이용하면 쉽게 접할 수 있습니다.

대부분의 초등학교에서는 학년별 수준을 고려하여 권장도서 및 필독도서를 선정하여 도서를 구비해 놓고 있으며, 수시로 신간 도서를 구입하여 소개하고 있으므로 특별한 경우가 아니라면 학교 도서실 이용만으로도 도서선택의 문제는 해결되리라고 봅니다.

아이를 진정으로 위하는 부모라면
아이의 눈높이에서 아이의 세상을 보아야 합니다.
아이를 있는 그대로 인정하고,
어떤 일이든 열심히 하면
칭찬과 격려를 아끼지 마세요.
그것이 자녀의 꿈과 마음을 키워주는
가장 훌륭한 자녀 사랑입니다.

11. 경제 교육

세뱃돈과 용돈 기입장
- 우리 아이들은 어떠한가?
- 용돈 스스로 벌게 하라
- 우리 아이 경제교육 어떻게 할까?

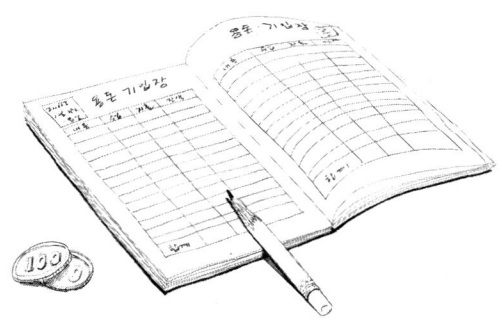

세뱃돈과 용돈 기입장

설날 아침이면 제일 신나는 건 아이들이다.

우리 애들도 마찬가지다.

할아버지, 작은집, 삼촌… 등 세배를 한만큼 세뱃돈이 불어나니 연실 싱글벙글 하면서 세뱃돈을 세어 본다. 작은 집 애들은 세뱃돈을 엄마한테 맡기는데, 우리 아이들은 좀 컸다고 차곡차곡 제 주머니에 들어간다. 세뱃돈을 엄마한테 맡기라 해도 들은 체도 안 한다.

설 아침 설거지를 끝내고 쉬고 있는데, 큰 아이가 동생들을 데리고 나가 논단다. 멀리 가지 말고 잠깐만 놀다 들어오라고 허락했다.

우리 큰애를 따라 여섯 명이 줄줄이 따라 나간다.

그런데, 문제가 생겼다.

이 녀석들이 영 들어오지 않는 것이다.

둘째네 오늘 올라가는 길에 처갓집에 들러서 인사드려야 한다는

데…, 벌써 떠나야 했다는데…. 아니, 이 녀석들 어디 갔단 말인가?
어디 갔는지 확인할 길이 없으니, 둘째 동서는 안달이다.

이렇게 두 시간이나 기다린 후에야 아이들이 들이닥쳤다. 손에는 먹을 걸 하나씩 들고….
애들 아빠 화가 나서 큰 녀석에게 소리친다.
"아니, 어디 갔다 이제 오냐? 둘째 삼촌 아까 올라가야 되는데, 니들 안 와서 기다리고 있잖아."
머리를 긁적이는 이 녀석 세뱃돈 생긴 김에 동생들 데리고 오락실엘 갔다 온 거다. 오랜만에 만난 사촌동생들한테 돈 생긴 김에 형 노릇 한 번 제대로 하려 했는데….
넌지시 물어 봤다.
"얼마나 썼니?"
"3만원 쪼끔 더요."
"뭐, 3만원이나?"
초등학교 교사인 셋째 동서가 한마디 한다.
"형님, 애들 용돈 기입장 안 써요? 용돈 기입장 써 버릇하면 돈 헤프게 안 쓰는데…."
용돈 기입장이라구?
아니, 제 엄마도 가계부조차 쓰지 않는데 애가 무슨 용돈 기입장을…, 애들 용돈이 얼마나 된다고….

사랑만으로는 부족해요

우리의 아이들은 어떠한가

한두 줄의 낙서로 찢어진 공책 장들,
주인 없이 쌓여만 가는 분실물들,
아이에 걸맞지 않는 고가의 명품들,
400만 신용불량자 중 50만 이상이 20대 젊은이라는 슬픈 현실.

초등학생의 자녀를 둔 부모들은 대략 삼사십대입니다. 바로 윗세대의 배곯음 속에 이루어 낸 가난의 탈피 덕분에 조금은 가난의 아픔을 모르고 살아 온 세대들이지요.

어느 누구를 막론하고 자신의 성장과정이 성인이 된 현재의 삶에 반영될 수밖에 없습니다. 그래서 요즘의 젊은 부모들은 자신의 성장과정에서 비친 부모들의 지나친 궁핍과 절약에 회의를 갖게 되어 자신의 자녀들에게만큼은 경제에 관한 한 지나치게 관대합니다. 더구나 지난 세대와는 달리 한두 명의 자녀만을 둔 소위 핵가족 세대인 만큼 자녀에게 쏟을 수 있는 심적이나 물적으로 여유를 갖고 있습니다.

이런 보살핌 속에 자란 아이들은 어떠할까요?

불 보듯 뻔한 일이 아닌가요?

노벨경제학상 수상자의 65%, 의학의 23%, 물리학의 22%이며 세계 50대 부자 중 절반이 유태인입니다.

유태인들은 어려서부터 '세상의 모든 고통을 합해도 가난의 고통보다는 못하다'는 경제생활의 의의를 가르치고 있다고 합니다. 어려서부터 기초적인 경제 마인드를 갖고 '가난은 죄악'이라는 생각에서 출발하여 배운 지식을 현실에 지혜롭게 접목시키게 함으로써 세계를 움직이고 있는 것이지요.

그러면 우리의 경제 교육 현실은 어떠한가요?

무엇이 문제일까요?

지난 우리 경제교육의 가장 큰 오류는 소비 절약만이 강조되었다는 데 있습니다.

이는 경제적인 궁핍으로 모든 물적 자원이 부족하였던 지난 세대에게는 필연적인 선택이었을 것입니다.

그러나 엄연히 경제활동은 벌기(소득), 쓰기(소비), 넣기(투자), 빌리기(신용)의 경제 구조로 되어 있습니다. 그럼에도 불구하고 우리의 학교 교육이나 가정교육에서의 경제 교육은 수동적이고 소극적인 소비 절약만이 강조되었던 것이지요.

다른 선진국은 어떨까요?

미국은 학생들에게 생활설계에서부터 자산관리와 운용, 투자 방법까지 광범위하게 가르치고 있습니다. 몇 년 전부터는 아예 경제·금융교육을 초·중·고교 이수과목으로 의무화하고 있습니다.

또한 영국은 청소년 신용교육을 제도화하고 5세부터의 조기 경제교육을 제도화하고 있습니다.

이것이 선진국들의 경제교육 현실입니다.

이제부터라도 다양한 경제 활동을 경험할 수 있게 한다면 이것은 가정의 몫입니다. 학교교육은 교육을 할 뿐 실제의 경험을 제공하기 어렵기 때문이지요.

유태인 경제교육

유태인은 휴일을 중요하게 생각한다. 휴일에는 그 어떤 일도 해서는 안 되며 오직 자신을 돌아보거나 가족과 함께 휴일 그 자체를 즐기도록 배워왔고 일상화 되어왔다. 때문에 성, 술, 음식 등 지나친 쾌락과 유희를 즐기지는 않는다. 이 말은 곧 그들의 돈에 대한 가치관을 말한다.
"돈은 우리에게 더 많은 기회를 제공"할 뿐 그 이상도 그 이하도 아니다. 그래서 어느 민족보다 부자가 많고, 기부를 많이 한다. 기부문화 역시 그들의 경제개념에 있어 중요한 부분을 차지한다.
이처럼 돈의 가치와 돈을 제대로 쓰는 법에 이르기까지 어린시절부터 철저히 경제교육을 받고 있다.

"쓸 수 있는 돈을 가지고 있다는 것은 좋은 것이다.
그러나 이것을 바르게 쓰는 법까지 알고 있으면 더 좋다."
<유태인 속담>

"급료가 적을 때에는 저축하는 습관을 길러라.
그렇지 않으면 수입이 늘어도 저축할 수 없다."
<탈무드>

용돈은 스스로 벌게 하라

대부분의 부모들은 자녀들의 요구에 따라 수시로 적당한 수준의 용돈을 제공하거나 기간을 정해 정액으로 용돈을 제공합니다.

대가족에서 한두 명의 자녀로 축소된 핵가족화 된 세대에서의 요즘의 부모들은 자녀에게만큼은 물질적으로 궁핍함을 모르게 하기 위해 아이들에게 주는 용돈은 세계 어느 선진국들보다도 너그럽습니다.

언제까지 아이에게 베풀어주기만 할 건가요?

'배고픈 이에게 고기를 주는 것 보다 고기를 잡는 법을 가르쳐라'는 유태인 경전 <탈무드>에서 말해 주듯 이제 부모들은 자녀들에게 무조건적으로 베푸는 지나친 배려는 자제해야 합니다.

'용돈을 스스로 벌게 한다.'

우리의 현실과는 너무 동떨어진 말로 들릴 것입니다. 공부하기에도 바쁜 아이, 세상 물정도 모르는 철없는 아이에게 어디 가서 용돈을 벌게 하냐고 고개가 갸우뚱해 지지요. 그러나 용돈을 벌게 한다는 것은 가정 밖, 사회에서 용돈을 벌어 오게 하자는 것이 아닙니다.

방법은 간단합니다.

'대가성 없는 용돈은 주지 않는다.'는 원칙을 지키는 것만으로 충분합니다. 용돈이 정액제이든 필요시다 제공하든 용돈에는 그 만큼의 노력의 대가를 요구하라는 것이지요.

용돈의 대가적 행위와 그 정도는 아이의 성장 수준과 가정 형편에 맞게 자녀와의 사전 협의가 필요하며, 대가적 행위는 학습활동과 가정생활 등 다양하게 적용해 볼 수 있습니다.

또한 이러한 대가성에는 긍정적 행동의 보상으로, 부정적 행동은 용돈 삭감의 방법으로 적용할 수도 있습니다.

그러나 그 대가성이 아이의 일상적 행동이 대상이 되어서는 안 됩니다.

예를 들어 '이불 개기, 식사 잘하기, 등하교시 인사하기' 등의 일상적인 행동에조차 대가성을 지불해서는 안 된다는 것이지요.

자신의 일상적인 행동에까지 대가성을 지불한다면 자신의 의무적인 행동에조차 대가가 지불된다는 상각의 오류를 갖게 되기 때문입니다.

<대가성 용돈의 예시>

학습 활동	• 숙제를 빠짐없이 하면 1주에 ○천 원 — 숙제를 한번 빠뜨리면 2천 원 삭감 • 책 한 권 읽으면 천 원, 독후감까지 쓰면 2천 원 • 일기를 매일 쓰면 월 ○만 원 — 일기를 한번 빠뜨리면 2천 원 삭감
가정 생활	• 심부름 하면 건당 천 원 • 부모 일손을 도우면 일의 경중에 따라…

(이 예시는 극히 일부의 예시임)

이렇듯 자신의 노력의 대가로서 용돈을 받게 되면 아이는 정당하게 벌어들인 소득으로 스스로 대견해 함은 물론 용돈의 사용 역시 용돈을 벌기까지의 어려움을 체험했기에 무계획하게 낭비하지는 않을 것입니다.

부모의 자녀 사랑은 무조건적이기에 무조건적으로 베풀어야 한다는 것은 아이를 위해서는 극히 위험한 생각입니다.

우리 아이 경제 교육 어떻게 할까?

최근 조기 경제 교육은 세계적인 추세입니다. 그에 발맞추어 학교에서도 다양한 경제 교육 활동이 전개되고 있습니다.

경제 교육은 학교 교육에만 맡겨도 될까요?

절대 아닙니다.

아이 교육의 대부분이 가정과 연계되어야 하겠지만, 특히 경제 교육만큼은 그 실제적인 역할을 가정에서 담당해야 합니다. 학교에서야 경제 이해 교육 내지 경제 활동 동기 부여는 할 수 있겠지만 실제적인 경제활동은 전적으로 가정의 몫입니다.

그러면, 가정에서의 경제 교육 어떻게 해야 할까요?

가정에서 할 수 있는 경제 교육 방법 몇 가지를 소개합니다.

첫째, 스스로 저축하게 합니다.

학교에서 저축 일에 아이들의 저금하는 실태를 보면 대부분 만원 혹은 몇 만원 단위로 저축을 하고 있습니다.

이것은 부모들이 아이의 상급학교 진학을 대비하거나 하는 부모의 필요에 의해서 저축이 이루어지고 있음을 뜻합니다. 학교 저축의 원래 취지와는 전혀 맞지 않는 저축 형태이지요.

　학교의 저축이 정기저축으로 중간에 임의적으로 인출할 수 없는 이유도 있겠지만 몇 백 원, 몇 천 원이라도 아이의 남은 용돈에서 스스로 저축하게 하라고 권하고 싶습니다. 당연히 저축액은 축소되겠지만 졸업할 때 장기간 자신이 모은 돈이라면 스스로 얼마나 대견할까요?

　이런 경험은 아이의 먼 훗날까지 긍정적인 경험으로 작용해 경제적인 마인드를 갖는데 일조를 할 것입니다.

　학교 저축이 정기저축이어서 아이가 필요로 할 때 인출 할 수 없는 불편함이 걱정된다면 작은 돈이나마 직접 가까운 은행에 저축하게 하는 것도 좋으리라 생각됩니다.

둘째, 투자를 경험하게 하라.

　아이에게 실질적인 투자의 기회를 갖게 하는 것은 어려운 일입니다. 간혹 초등학생이 용돈을 주식에 투자하여 많은 돈을 벌었다는 외국의 사례를 언론을 통해 접하기도 하고, 국내에서도 모 재단 주최로 열린 학생 창업 대회에 초등학생이 많이 참여하였다는 소식을 접한 기억이 있습니다. 하지만 초등학생에게 이러한 직접적인 투자는 무리이며 시기상조라 생각됩니다.

그러면 아이에게 어떻게 투자의 경험을 갖게 할까요?

어쩔 수 없이 가정에서의 투자 기회로 국한 될 수밖에 없으며, 그 한 예로 자신의 모아진 용돈을 부모에게 맡김으로서 적당량의 이윤을 취득하게 하는 것입니다. 이때 부모는 고율의 이자(10만원을 한 달 맡기면 만 원의 이자를 지불한다는 등)를 아이에게 제시하여 투자의욕을 자극해야 합니다.

요즘 아이들은 부모의 친구에게나 혹은 명절 때 친척들에게 큰 액수의 용돈을 받기도 합니다. 이러한 돈을 의도적으로 부모에게 투자하도록 하는 것도 하나의 투자 경험이 될 것입니다.

초등학생의 경우 실질적 경험 및 노하우의 축적이 목적이 아니고 경제적 마인드 형성이 중요함으로 이런 작은 경험이라도 충분합니다.

셋째, 우리 집 경제 규모를 알려 준다.

엘린 그린스펀 전 미연방준비제도 이사회 의장은 미국의 경제 대통령이라 불렸으며, 세계의 경제를 이끌었습니다.

펀드매니저였던 그린스펀의 아버지는 그린스펀이 5살 때 아들을 직장에 데리고 나가 주식과 채권은 물론 한 달 월급과 생활비, 저축액, 부채 등을 자세히 설명해 주었습니다. 이 자리에서 그린스펀은 세계 최고의 경제 전문가가 되겠다는 꿈을 갖게 되었다고 합니다.

대부분의 부모들은 잘살건 못살건 아이에게 돈에 대한 얘기를 하는 것을 금기시 하고 있습니다.

그러나 이제부터는 가족 성원의 하나인 아이들에게 우리 집 경제 규모를 알려 주세요.

지금 살고 있는 집이 전세인지, 집 장만을 위한 앞으로의 계획은 어떠한지, 아빠의 월급이 얼마이며 한 달 총 수입은 어떠한지, 총 수입 중 지출은 어떻게 하며 한 달 저축액은 얼마인지, 아이를 위해 지출되고 있는 교육비는 얼마인지 솔직하게 이야기합니다.

어른들만의 비밀스럽던 집안의 경제규모를 알려 준다는 것은 아이를 존중한다는 의미도 되고, 아이 역시 그런 부모의 배려에 부모 존중으로 답할 것입니다. 그리고 집안 경제의 어려움을 이해하게 되면 무리한 요구를 하지 않을 것이며, 불필요한 낭비도 줄일 것입니다.

어려서부터 규모 있게 경제생활을 할 수 있는 방법을 터득하는 것은 부모의 작은 배려에서부터 시작됩니다.

넷째, 용돈기입장을 쓰게 합니다.

용돈 기입장을 쓰게 하는 것은 아이 경제교육의 첫걸음입니다.

아이가 용돈 기입장을 작성한다는 것은 자신에게 들어오는 돈과 나가는 돈에 대한 관리 능력을 길러 주며, 계획적인 용돈 관리 및 절약 생활의 동기를 부여합니다.

초등학교 교육과정에서도 용돈기입장 쓰기를 지도하고 있지만 학교에서의 교육은 동기 부여는 될 뿐, 실천 여부는 용돈을 직접 지급하는 부모의 확인에 의해 가능합니다.

또한 가계부를 아이에게 보여 주고, 가계부를 쓰는 모습을 보여주면서 용돈기입장이 곧 가정의 가계부와 같음을 이해시킨다면 아이가 용돈기입장을 쓰는데 거부감을 갖지 않을 것입니다.

용돈기입장을 쓰는 목적이 계획적인 경제생활을 습관화하려는데 있으므로 부모가 장보기를 할 때 아이와 함께 하면서 미리 필요한 물품을 적어서 필요한 것만 사는 지혜로운 모습도 보여주면 아이의 건전한 소비생활 습관 형성에 많은 도움을 줄 것입니다.

아이는 무한한 가능성만으로도
그 자체가 보석입니다.
아이들은 어느 누구를 막론하고
잘 갈고 닦으면 빛나는 보석이 됩니다.
아이의 개성을 찾아 훌륭한 보석이 되도록
갈고 닦아주는 것은 그 누구도 아닌 바로
부모의 몫입니다.
부모만이 아이의 개성을 진정으로 이해하고
북돋아 줄 수 있기 때문입니다.

12. 학습 지도

사랑하는 아이들아
- 스스로 공부하게 하려면
- 우등생을 만드는 공부 습관
- 우등생을 만드는 부모의 역할

사랑하는 아이들아!

사랑하는 아들 딸들아!
그 동안 엄마들이 너무 심했지?
허구한 날 '공부해라', '숙제해라'
이게 자식 잘 되라는 모든 부모의 마음인데…

잔소리 안 해도 스스로 공부하는 아이
공부가 좋아서, 공부를 잘해서,
공부에 관한 한 아무 걱정 없는 아이
이게 모든 부모들의 소망인데…

어쩌냐?
공부하라면 자꾸만 미루고…
숙제는 성의 없이 후딱 해치우고…
공부 좀 할라치면 좀이 쑤셔 엉덩이를 붙이지 못하고
책상 앞에 앉아 있어 공부하나 했더니 만화책이나 보고 있고…

시험이 내일인데도 컴퓨터만 하고 있고…
이런 자식들 보는 부모들은 속이 안타겠니?

우리 아이들
어떻게 하면 혼자 공부 잘할 수 있으려나?
어떻게 하면 잔소리 안 해도 공부 열심히 하려나?
이게 바로 한시도 머릿속을 떠나지 않는
모든 엄마들의 최고 어려운 숙제인데…

이게 다 엄마들의 지난날 때문이란다.
학교 다닐 때 왜 그렇게 공부 안 했던가?
왜 그렇게 공부하라는 부모들의 말을 흘려들었을까?
후회한들 그 시절로 다시 들아갈 수 없기에
너희만은 그런 후회 없기를 바라는 마음인데
잔소리에 지친 너희는
엄마들의 마음을 알려나 모르려나?

혹시,
우리 아이들!
공부가 정말 싫은 건 아니겠지?
해도 해도 안 되니 아예 포기한 건 아니겠지?

스스로 공부하게 하려면

'스스로 공부하는 어린이'
모든 부모들의 간절한 소망입니다.

스스로 공부하는 이런 아이가 얼마나 될까?
우리 아이만 빼고 수없이 많은 건 아닐까?
많다면 누구나 바라는 소망이 되지는 않았겠지.
그러면 어떻게 하면 아이가 스스로 공부하게 될까?

이것은 여간 어려운 게 아닙니다.
수천수만 년을 이어오면서 자녀 교육의 숱한 방법이 제기되었지만, 여전히 우리는 아이의 공부 문제로 고심을 하고 있습니다.

그렇더라도 아이를 위해 최선을 다해야겠지요.
그럼 어떻게 해야 될까요?

첫째, 공부의 중요성과 필요성을 깨우쳐 주어야 합니다.

아이가 스스로 공부하게 하려면 무엇보다 공부를 해야 하는 분명한 이유와 목적을 알고 있어야 합니다. 이해시킬 때는 아이가 이해할 수 있도록 주변의 일화나 실례를 들어가며 공부의 실익을 피부로 느끼게 설명해야 합니다.

목적 없이 그저 부모나 선생님이 시켜서 하는 공부가 재미있을 리가 없고, 능률이 오를 리가 없습니다.

둘째, '해냈다'는 성취감을 맛볼 수 있는 기회를 많이 제공합니다.

공부를 해서 좋은 결과가 나오면 칭찬을 받고, 칭찬 받은 아이의 기분도 좋아질 것이며, 당연히 다음에는 더 잘해야지 하는 의욕이 생길 것입니다. 그러기 위해서는 아주 작은 것이라도 성취감을 느낄 수 있도록 배려해 주어야 합니다. 그렇다고 한 학기에 한두 번 보는 시험만으로 성취감을 느끼게 해서는 안 됩니다. 평소 아이의 공부하는 과정을 잘 지켜보고 적절한 결과를 찾아서 수시로 칭찬해 주어야 동기 부여가 많아질 것입니다.

열심히 공부했는데, 시험 성적이 오히려 떨어졌다. 그럴더라도 성적이 오른 교과를 칭찬한다던가, 시험 문제가 너무 어려웠나 보다는 등 '해 봤자 소용없다'라는 부정적 생각이 안 들도록 배려해야 합니다.

셋째, 좋아하는 교과를 통해 성취의 기쁨을 맛보게 합니다.

잘하는 교과, 좋아하는 교과를 공부한다는 것은 아이에게 큰 부담이 되지 않습니다.

우선 이런 교과를 통해 학습 동기를 부여합니다.

좋아하는 교과의 학습량을 아이의 수준에서 조금 부족할 정도로 정하고 그것을 마치면 칭찬 격려해 줌으로 다음 학습의 동기 부여가 되게 합니다.

넷째, 아이의 학습과 관련하여 되도록 칭찬을 많이 합니다.

아이의 공부는 시험 성적으로만 평가되는 것이 아닙니다. 그리기, 쓰기, 짓기, 셈하기, 숙제 등 다양한 활동을 눈여겨보면서 아이가 잘하는 것에 칭찬을 자주 하여 아이에게 자신감을 키워 주어야 합니다.

평범한 엄마와 훌륭한 엄마의 차이는 바로 아이의 다양한 활동을 세밀히 관찰하느냐의 여부에 달려 있다는 것을 꼭 명심해야 합니다.

다섯째, 아이가 집중할 수 있는 시간은 한정되어 있다는 것을 염두에 두어야 합니다.

그러므로 아이가 공부하는 시간은 너무 길게 잡지 말고 아이의 능력을 고려하여 한 시간 내외로 짧게 잡아야 하며, 이런 노력 후에는 충분한 휴식과 적당한 보상(칭찬, 격려, 간식 등)을 하여야 합니다.

여섯째, 분위기를 바꾸어 새로운 마음이 들게 합니다.

아이의 공부방이 별도로 있다면 공부방을 다시 꾸며 주는 것도 도움이 됩니다. 이때는 본인의 의사를 최대한 들어줍니다. 다만, 공부에 방해가 되는 컴퓨터나 TV 등은 공부방에서 밖으로 나와야 합니다.

일곱째, 집중에 방해되는 자극을 최소화합니다.

공부에 방해가 되는 집 밖의 소음을 막기 위해 커튼을 쳐준다거나, 거실의 TV 볼륨을 줄이는 등 아이의 공부를 방해하는 요소를 줄이도록 노력해야 합니다.

주의할 것은 거실에서 부모가 TV를 보고 있다는 사실만으로도 소리가 들리지 않더라도 아이는 신경을 쓰게 됩니다. 아이가 공부할 때라면 TV를 보더라도 아이와 공간적 관계가 적은 안방 등에서 보는 등의 세심한 배려도 필요합니다.

여덟째, 아이와 편안하고 격의 없는 대화를 많이 합니다.

부모와 자녀간의 원활한 의사소통 및 가정의 화목이 스스로 공부하는 아이를 만드는 첫째 조건입니다. 언제 어느 곳에서나 아이가 생각을 편안하게 할 수 있도록 부담 없는 대화의 기회를 자주 갖도록 합니다.

아홉째, 책가방은 직접 챙기게 합니다.

책가방을 직접 챙기다 보면 자연스럽게 수업준비를 하게 됩니다.

오늘 무엇을 공부할 지 미리 아는 것은 아이의 공부에 대한 관심을 증폭시킬 것이며, 자기 주변 일을 스스로 할 수 있는 능력도 함께 길러 줄 것입니다.

열번째, 책을 많이 읽게 합니다.

문장을 파악하는 능력은 학습에서 가장 기초적인 것입니다.

독서가 학습과 밀접한 관계가 있음을 모르는 부모가 어디 있을까요?

아이의 독서와 관련해 유념해야 할 것은 책을 읽는 것에 만족해야지 독서와 관련한 다른 부담(독후감 등)을 주어서 책에 대한 부담을 주어서는 안 된다는 것입니다.

우등생이 되는 공부 습관

다음 글은 미국 로드아일랜드 주립대에서 교육학을 강의하고 있는 김민숙 교수가 국내 명문대생을 대상으로 조사한 결과를 토대로 제시한 7가지 공부 습관 중 초등생에 적용 가능한 5가지를 발췌하여 재구성한 것입니다.

첫째, 1시간의 고비를 이겨낸다.
공부 습관을 들이는데 가장 어려운 것은 처음 1시간의 고비를 넘기는 것입니다.
처음부터 아이를 책상에 오래 붙들어 놓지 말고 30분, 40분… 점차 늘려서 한 시간으로 공부에 집중하는 시간을 늘리도록 합니다. 한 시간이 가능해지면 커 가면서 두세 시간도 소화할 능력이 생길 것입니다.
'급히 먹는 밥은 체합니다'고 합니다. 욕심 부리지 말고 아이의 능력에 맞게 조금씩 공부에 습관을 들이도록 도와주어야 합니다.

둘째, 좋아하는 과목부터 공부합니다.

어려운 과목, 하기 싫은 과목을 공부한다면 쉽게 짜증을 내고 그 교과 공부는 물론 아예 공부하고자 하는 마음까지 달아나 버릴 것입니다. 좋아하는 과목부터 공부를 시작하면 정해진 시간 안에 목표량을 충분히 소화하여 자신감을 갖게 될 것입니다.

셋째, 학교 수업을 적극적으로 활용합니다.

공부 못하는 아이들은 공부를 미루는데, 수업 시간에도 마찬가지입니다. 초등교육의 경우 수업 시간만 충실히 해도 별도의 공부가 필요 없는데도 공부 시간에 딴청을 합니다.

학원에 다니는 아이들은 혹시 학원에서 먼저 공부했던 내용이라고, 학원에서 다시 공부할 내용이라고 학교 수업을 등한시하는지 확인해 봐야 합니다.

넷째, 재미있게 공부하는 방법을 찾는다.

공부 잘하는 아이라고 공부가 즐거울 수만은 없겠지요.

공부 안 하는 아이보다 덜 싫어할 뿐입니다.

기왕에 공부를 하여야 한다면 즐겁게 공부할 수 있도록 유도하면 아이에게 얼마나 좋을까요?

아이가 재미있고 즐겁게 공부할 수 있는 방법은 없을까요?

아이의 특성에 따라 방법을 찾으면 얼마든지 있지 않을까요?

예를 들어 공부를 끝냈을 때 아이에게는 아이가 좋아하는 적절한 보상을 준다면 공부를 즐겁게 하는 계기가 될 수 있습니다.

다섯째, 번갈아 가며 집중력을 키운다.

아이들은 공부가 지루해지면 딴청을 부리게 됩니다. 이때 지루한 교과를 바꿔서 지루함을 덜 수 있습니다.

수학이 지겨우면, 동화책을 읽게 합니다. 책읽기가 지루하면 영어 회화 테이프를 들려줍니다.

아이가 지루해 할 때 다른 학습 활동은 아이에게 새로운 기분으로 학습에 몰두하게 할 것입니다.

우등생을 만드는 부모의 역할

1. 다른 아이와 비교하지 않는다.

잘하는 아이와의 비교는 아이의 자신감을 갉아먹습니다. 대부분의 부모들은 아이의 성적을 상대적으로 평가하는 경향이 있습니다. 그럴 경우 과정은 생략된 채 결과만 비교하게 되지요. 특히, 형제자매와 가까운 친척들과 자주 비교하는 것은 삼가야 합니다.

2. '공부하라' 잔소리 할 때 엄포는 사용하지 않는다.

'공부 안 하면…, 이번 시험에 평균 몇 점이 못 되면 놀지 못하게 한다' 든가 하는 등의 아이에게 불이익이 되는 엄포를 사용해서는 안 됩니다. 공부는 대가성이 있어서는 안 되지요.

3. 책을 읽는 모습을 부모가 자주 보여 준다.

부모가 책과 담을 쌓고 아이에게 공부하기만을 바란다는 것은 지나친 바람이며, 부모로서의 직무유기입니다.

4. 아이를 외롭게 하지 않는다.

혹 아이가 공부를 할 때 혼자 집에 두고 외출한다거나, 밤에 아이보다 먼저 잠들어 아이를 홀로 둔다면, 공부가 싫증 날 때 아이는 '다른 짓'을 할 가능성이 많습니다.

5. 아이 앞에서 선생님 흉을 보지 않는다.

학교 수업을 제대로 받지 않고 좋은 성적을 받을 수 없습니다.

부모가 교사를 신뢰하지 않으면서 아이는 교사를 신뢰하여 공부를 열심히 하라고…. 이거 말 되는 소리인가요?

6. 칭찬을 아끼지 않는다.

칭찬은 더 높은 단계로 끌어올리는 원동력입니다. 일부러라도 작은 일이라도 아이의 장점을 찾아 칭찬을 해 주길 권합니다.

특히 학습과 관련된 칭찬은 아이의 학습력을 높이는 힘이 됩니다. 아이의 학습 과정을 세밀히 지켜보며 작은 것이라도 칭찬하는 일을 게을리 해서는 안 되겠지요.

7. 아이의 시간 관리를 위해 해 줄 수 있는 일을 찾아서 도와준다.

아이가 학습 시간을 최대화하기 위해서는 불필요한 것에 시간을 뺏기지 않도록 배려해야 합니다. 이 경우 자칫 아이의 일상조차(책가방 싸는 일 등) 챙겨 주는 과잉 행동은 아이에게 오히려 해가 되겠지요.

아이에게

스스로 귀한 존재임을 깨닫도록 해야 합니다.
'너 때문에 행복해 하는 사람이 있고,
네가 있어 위안이 되고 감사해 하는 사람이 있다'는 것을
느끼고 믿게 하십시오.
아이는 부모뿐만 아니라
모든 사람에게 귀한 존재로 자랄 것입니다.

13. 건강 생활

뚱보 명훈이
- 비만의 원인은 식생활과 운동 부족
- 자녀와 함께 등산을

뚱보 명훈이

명훈이는 초등학교 2학년입니다.

키도 학급에서 제일 크지만 몸도 뚱뚱해서 아이들이 '뚱보'라고 합니다. 그러나 워낙 크고 힘이 세기 때문에 '뚱보'라고 놀리지는 못합니다. 명훈이는 점심 급식시간이면 다른 아이들의 두세 배를 먹는 대식가이기도 하지요.

체육시간에 힘을 쓰는 씨름이나 줄다리기 등은 명훈이를 당할 아이들이 없지만 게임을 한다거나 공놀이, 달리기 등을 할 때는 언제나 씩씩거리기만 할뿐 늘 꼴찌입니다.

하루는 체육 시간에 줄넘기를 하게 되었습니다.

20분 동안 각자가 연습을 한 후, 선생님 앞에서 평가를 받았지요.

이미 한 달 전부터 선생님께서 줄넘기를 매일 연습해 오라고 과제를 내주셨기 때문에 대부분의 아이들은 사뿐사뿐 가볍게 뛰면서 줄을 잘 넘었습니다.

드디어 명훈이 차례가 되었습니다.

모든 아이들이 명훈이를 지켜보는 가운데 명훈이가 줄넘기를 시작했는데 몇 번을 해도 땅바닥을 쿵쿵 울리며 두세 번 넘는 게 고작이었습니다. 그리고도 숨이 차 헐떡거렸습니다.

그 모습을 보신 선생님께서 크게 웃으시며 말씀하셨습니다.

"어허, 지구가 울린다. 얼마나 무거우면 지구가 움직일까?"

아이들은 운동장이 떠나도록 웃었지만 명훈이는 얼굴이 벌게진 채 머리만 긁적이고 있었습니다.

그날 오후, 선생님께서는 명훈이를 조용히 불러 말씀하셨습니다.

"명훈아, 선생님이 놀려서 기분 나빴니?"

"아니오."

명훈이는 시무룩하게 대답하였습니다.

"선생님이 놀린 것이 아니라 명훈이에게 몸이 무거우면 움직이기 어렵다는 걸 알려 주려고 일부러 한 말이란다."

"……"

"언젠가 선생님이 텔레비전에서 몸무게가 400Kg이 나가는 외국

사람을 보았단다. 밖에 나가지도 못 할 뿐 아니라 식사나 대소변도 혼자 할 수 없더구나. 병원엘 가는데 문을 부수고 무거운 물건을 나르는 기중기로 옮겼었지. 그 사람은 왜 그렇게 되었을까?"

"……."

"몸이 무거워지면 움직이는 게 힘들고, 그러니 더욱 움직이지 않게 되고, 그러다 보니 살은 점점 더 찌게 되고, 나중에는 혼자 움직이기도 힘들어지는 거야.

명훈이도 그렇게 됐으면 좋겠어?"

"아니오."

그제서야 조금 얼굴이 밝아지며 대답을 했습니다.

"그래, 명훈아. 이제부터 운동을 열심히 해 볼래?"

"예!"

"처음부터 너무 무리한 운동을 하면 안 되니까, 오늘부터 아침저녁으로 10분 이상 줄넘기 하는 게 숙제다. 할 수 있니?"
"예!"
명훈이는 씩씩하게 대답하였습니다.

그날 이후 명훈이는 달라졌습니다.
많은 아이들 앞에서 창피를 당했기 때문인지, 선생님이 혼자서는 움직이지도 못하는 외국사람 이야기를 해주셔서인지 선생님과의 약속대로 아침저녁으로 열심히 줄넘기를 했습니다.
학교에서도 쉬는 시간이면 줄넘기 줄을 들고 운동장에 나가 줄넘기를 하는 모습이 자주 눈에 띄었습니다. 물론 먹는 것도 많이 줄어들었지요.

일 년이 지났을 때,
명훈이는 '뚱보 명훈이'가 아니었습니다.
아직도 다른 아이들에 비해서는 체중도 많이 나가지만, 늘 꼴찌를 하던 달리기도 중간 정도 했으며 줄넘기는 쉬지 않고 100번 이상도 넘었습니다.
이제는 옆 반 아이들과 축구 시합을 할 때도 학급 대표 축구 선수가 되어 열심히 뛸 정도이며, 저번에 오래 달리기에서는 운동장을 여섯 바퀴나 돌았답니다.
그러다가 '뚱보 명훈이'가 '갈비씨 명훈이'가 되는 건 아닌지….

비만의 원인은 식생활과 운동 부족

우리나라 아이들의 평균 신장 및 평균 체중이 많이 좋아졌지만 체력은 오히려 더 나빠졌다는 통계를 본 적이 있나요?

주변의 아이들을 한 번 둘러보세요.

어느 학교, 어느 학급이든 3, 40명 중 예닐곱 명은 '뚱보 명훈이'와 같이 비만한 아이들입니다. 왜 그럴까요?

살이 찌는 데는 반드시 잘못된 식습관이 있습니다.

엄마의 주 요리는 육류, 기름에 튀긴 음식이고, 잦은 외식, 배달음식 등이 그 집안의 식습관입니다. 아이는 탄산음료, 과자, 라면, 햄버거, 햄 등 인스턴트 음식을 즐겨 먹습니다. 또한 아침, 점심보다 저녁에 주로 영양가 있는 음식을 해서 배불리 먹으며, 잠자리에 들기 전 출출함을 못 이기고 야식을 즐겨한다면 살이 찌는 것을 피해 갈 수 없겠지요.

살찌는 또 다른 이유는 음식 섭취량에 비해 운동량, 활동량이 적기 때문입니다. 잘못된 식습관으로 가뜩이나 열량이 남아도는데, 옛날 같이 해가 질 때까지 밖에 나가 뛰어 놀기보다는 컴퓨터 게임에 열중하고, 눕거나 소파에 기대서 비디오를 보는 등 움직임이 적기 때문입니다.

우리나라에서 어린이의 비만이 갑자기 늘어 어린 나이에도 벌써 어른과 같이 '고혈압'이라거나 '당뇨병' 등과 같은 성인병을 걱정해야 하는 아이들이 점점 증가하고 있으며, 학교 보건실에서는 이런 아이들을 특별히 관리하게 되었답니다.

비만한 아이들을 보세요.

모두 잘 먹기는 하나 운동하기를 싫어하는 아이들입니다. 움직이기 싫어서 가까운 길도 차를 이용하고, 운동도 게을리 하고, 그러다 보니 살이 더 찌고, 체중이 점점 무거워지면 더욱 움직이기 싫고 힘들어 지고….

그리하여 비만 아동이 생기는 거랍니다.

비만의 원인을 알고 건강한 생활을 하기 위해서는 우리가 섭취하는 음식물과 운동(활동)과의 관계를 잘 알아야 합니다. 우리 몸에 필요한 열량과 섭취한 열량의 관계는 쉬운 예로 우리의 경제활동과 비교할 수 있습니다.

한달 총 수입이 100만원이고 한달 총 지출이 80만원이라면 20만원의 돈은 저축이 되겠지요.

마찬가지로 아이에게 필요한 열량이 하루에 1000칼로리인데 섭취한 열량이 1200칼로리라면 200칼로리는 아이 몸에 축적이 됩니다. 그 축적되는 칼로리의 양이 많을수록 비만의 원인이 될 테니, 그 양을 줄이는 방법은 활동량을 많이 하여 필요한 열량을 늘리던가 음식물 섭취를 줄여야 하겠지요. 그러나 한창 성장기의 아이에게 음식물 섭취를 줄인다는 것은 위험한 발상이므로 최선의 방법은 적당한 운동이나 활동량을 늘려 주는 것입니다.

(참고 자료) 칼로리의 소모량과 음식의 열량

시간 당 칼로리의 소모량(몸무게 1Kg 기준)			
축구, 줄넘기, 조깅 등의 과격한 운동	8 Kal	배드민턴, 자전거 등의 과격하지 않은 운동	5 Kal
집안 청소 등의 잡일	3 Kal	잠자기, 누워 있기, 잡담하기 등	1 Kal
신문보기, 독서하기, TV보기, 식사하기	1.5 Kal	걷기, 유리창 닦기	4 Kal
쇼핑하기, 공부하기	2 Kal	컴퓨터 작업 및 타이핑	2 Kal

주요 음식의 열량 비교

음식	칼로리	음식	칼로리	음식	칼로리
쌀밥(1공기)	320	라면(1봉)	500	불고기(1인분)	310
식빵(1쪽)	100	사발면(1봉)	400	볶음밥	730
카스텔라(1개)	320	자장면	680	보쌈(1인분)	1,200
우유(1컵)	125	냉면	500	돈가스(1인분)	970
요구르트(1병)	80	스파게티	690	햄버그스테이크	900
사과(1개)	100	프라이드치킨	210	두유(200ml)	130
토마토(1개)	50	감자튀김(1봉)	210	두부(1모)	375
주스(1컵)	100	햄버거(1개)	400	참치통조림	300
사이다(1캔)	120	피자(1쪽)	250	게맛살(1봉)	100
달걀(1개)	75	김밥(1줄)	300	곰탕(1인분)	420
소고기(1장)	65	떡볶이(5개)	100	크래커(1개)	20
돼지고기(1장)	50	갈비탕(1인분)	630	브라보콘(1개)	150
생선류(1토막)	50	삼계탕(1인분)	900	팥빙수(1인분)	300

자녀와 함께 하는 등산

　최근 들어 산을 찾는 사람들이 급속도로 확산되어 갤럽 조사에서도 전 국민의 취미 생활을 묻는 질문에 등산이 1위를 차지하였습니다.
　주말이나 휴일이면 도시 주변의 명산들은 온통 등산객들로 붐비고 있지요. 그런 와중에 자녀를 동반한 등산객들을 많이 보게 되고, 지리산이나 설악산 등의 길고 힘든 산행길에서 조차 부모 따라온 초등학생들을 심심찮게 보게 됩니다. 보기 좋은 광경이고 바람직한 일입니다.
　산책의 경우도 안 하는 것보다야 좋겠지만, 산책의 정도를 넘어 적어도 두세 시간 이상의 산행에 자녀를 동반하라고 권합니다. 조사에 의하면 요즘의 아이들은 덩치만 커졌지 체력은 예전에 비해 현저하게 약해져 있다고 합니다. 중3 남자의 체력이 50대 남자의 체력과 똑같다는 조사 결과는 무엇을 의미할까요?
　이런 허약한 아이들의 체력 증진을 위해서는 물론이고, 부모 자식간의 돈독한 가족애의 형성을 위해서도 적극적으로 권장할 만한 것이 자녀와의 동반 산행입니다.
　가족 성원 전체의 산행이라면 더 없이 좋겠지만, 가능한대로 아빠와 아들, 엄마와 아들, 아빠와 자녀 등 가족 일부의 산행이라도 서둘러 보세요. 아이의 건강 측면에서의 등산의 효력은 첨언이 필요 없습니다.

　몇 해 전 도시·농촌 복합형 학교에 근무할 때, 다행스럽게도 학교 바로 뒤에 등산로가 잘 정비된 자그마한 산이 연결되어 있었습니다.
　3학년 우리 학급 아이들은 토요일이면 어김없이 두 시간 정도의 산행을 하였지요. 당시 분당에서 전학 온 조금은 비만한 희영이라는 여자아이가 있었는데, 등산 경험이 전혀 없었던 터라 처음에는 늘 뒤쳐져서 힘들어하곤 했습니다. 두세 달이 지나자 맨 끝에 뒤처지는 것은 면하였지만 끝내 후미그룹은 면하지 못했었지요.
　학부모 회의가 있던 11월 경 희영이의 어머니가 찾아 와서 고맙다는 인사를 한 적이 있었습니다.

　"선생님, 우리 희영이가 2학년 때까지는 감기를 몸에 달고 살았는데 3학년이 되어서는 1년이 되도록 아직 한 번도 감기에 걸린 적이 없어요.

선생님께서 늘 산에 데리고 다닌 덕분인가 봐요. 희영이의 건강한 모습을 볼 때 늘 선생님께 감사하고 있어요."
  1주일에 단 한 번, 단 두 시간의 등산이 아이의 활동성을 자극하고 건강을 선사한 것입니다.

  산은 건강뿐이 아니라 아이들에게 자연의 소중함과 자연의 아름다움, 자연의 변화를 가르치는 산교육장이 됩니다. 또한 부모와 함께 하는 등산 활동 속에서 '인사 나누기, 길 비켜 주기, 쓰레기 버리지 않기, 고함지르지 않기' 등의 등산 예절을 체험할 수 있는 기회가 됩니다.
  등산 예절은 다른 사람과 자연에 대한 배려이니, 등산 예절을 배우는 것은 곧 사회 질서를 배우는 것입니다.
  자녀와 함께 하는 등산은 자녀의 건강 못지않게 자녀와의 돈독한 가족애 및 자녀 이해의 기회가 되기도 합니다. 아빠와 함께 백두대간을 종주 중인 어느 초등학생은 10시간 이상의 힘든 산행을 마치면 아빠와 하이 파이브를 하고, 꼭 포옹을 한다고 합니다.

10시간의 고된 산행 중에 두 부자가 나눈 대화의 내용을 차치하고라도 힘든 산행을 끝낸 순간의 기쁨과 대견함에 저절로 손이 위로 올라가서 아빠와 손바닥을 마주치고, 아빠의 가슴에 안기는 저 장면에서 어찌 부자간의 사랑과 행복이 느껴지지 않습니까?

긴 산행일 필요는 없습니다.
누구나 능력에 맞는 산행이어야지 오히려 무리한 산행은 건강을 해치고, 산행 자체에 거부감을 가질 수 있습니다.

아이의 능력에 맞게 가까운 산이라도 두세 시간의 산행을 하면서 극기를 체험하게 하고, 자녀의 일상을 들어주는 등의 대화를 나눔으로서 서로가 더욱 친밀해 지는 결과가 돈 다면 휴일의 조그만 투자치고는 꽤 괜찮은 투자일 것입니다.

가정이 행복한 것은
사랑이 있기 때문입니다.
혹 우리 아이를
다른 사람이 다 비웃고 조롱하여도
가족이기에 위로하고 격려하고 사랑해야 합니다.
혹 우리 아이를
다른 사람이 다 손가락질하고 침을 뱉어도
가족이기에 용서하고 사랑해야 합니다.
이것이 가정의 기능입니다.

14. 정보화와 인터넷

애물단지
- 정보화 시대와 부모들의 기대
- 인터넷은 유익한가?
- 인터넷 중독의 예방
- 딸을 둔 부모에게

애물단지

이놈의 컴퓨터를 박살을 내놓던지….
허구한 날 컴퓨터 때문에 집안이 조용한 날이 없다.
젊어서는 그렇게도 빨빨거리고 잘도 돌아다니던 애들 아빠도 퇴근 즉시 집으로 와서 컴퓨터 바둑에 매달려 있다. 초등학생인 작은애는 컴퓨터가 비길 기다렸다가 컴퓨터 게임 하느라 정신이 없다. 중학생인 딸아이는 인터넷에 몰두해 있다.
그래, 다들 컴퓨터에 미쳐 있는 건 좋다 이거여!
왜, 허구한 날 컴퓨터 땜에 싸움질이냐 이거여!

아니, 어른이면 어른답게 모범을 보여야지, 자기는 허구한 날 컴퓨터 바둑이나 하면서 왜 아이들은 컴퓨터 하면 안 된다는 거여? 어른은 괜찮고, 아이들은 공부하는 애들이니 안 된다고? 아니, 그게 어느 나라 법이여?

영철이, 이 녀석!

아빠한테 매일 혼나면서 그렇게도 게임이 하고 싶은가? 치사하지도 않고, 지겹지도 않느냐? 하루 딱 한 시간만 하기로 약속했으면 약속을 지켜야지. 고것도 못 지키니 매일 아빠한테 혼나잖아.

아빠가 없는 틈만 보이면 어느새 컴퓨터 앞에 앉아 있으니, 온통 게임 생각만 하는 거 아닌가?

그리고 엄마는 뭐 좋으냐?

난, 부모 아냐? 하루 한 시간 약속은 아빠한테만 적용되는 거냐고?

영희, 너도 정신 차려!

이제 내년이면 고등학교 갈 아이가 컴퓨터 때문에 매일 동생하고 싸움질이냐? 네가 지금 인터넷이나 하고 그럴 때냐고?

정말 저놈의 컴퓨터를 박살내 버리든지, 큰아이 포함 애들 셋 때문에 미치겠구먼!

근데,

사실 다들 일 나가고 학교 가면 저 컴퓨터 내 차지 아닌가. 나 역시 하루 종일 컴퓨터에 매달려 있으니 박살낼 수는 없지 않은가?

컴퓨터를 제일 많이 갖고 노는 게 바로 나거든…

그러고 보면 우리 집은 철없는 애들이 네 명이네…

정보화 시대, 부모들의 기대

컴퓨터의 발달과 인터넷의 활성화는 산업혁명에 버금가는 사회적 변화를 가져 왔으며, 이런 변화의 과정 속에 젊은 재벌들이 속출하는 성공 사례는 개인에게도 새로운 기회가 주어진 듯 전 세계의 젊은이들을 흥분하게 하였습니다.

윈도우를 개발한 빌게이츠의 세계적인 갑부가 된 성공 사례와 국내에서 갑부 대열에 올라선 젊은이들의 성공 사례가 심심찮게 소개되면서 이 땅의 학부모들을 자극하여 자녀들을 컴퓨터로 몰아넣었지요.

컴퓨터 하나만 잘하면, 기가 막힌 아이디어 내지 프로그램만 개발하면 성공된 삶을 누리리라는 막연한 기대감이 부모들을 현혹한 것입니다. 그러나 컴퓨터 게임 하나를 개발하는데도 수십 억 내지 수백억이 들고, 수십 명의 전문 인력들이 1년 이상의 긴 시간을 투자해야 한다는 사실을 간과하고 있는 것입니다.

진정 컴퓨터와 인터넷은 개인에게 희소하지만 기회로 다가오고 있습니다. 또한 인터넷을 기반으로 하는 지식정보 사회는 개인의 실질적인 능력이 중요시되며 학력과 인맥이 문제가 되지 않으므로 10대 청소년과 20대

젊은이들의 각축장이 된 것은 세계적인 추세입니다.

그러나 이런 치열한 경쟁 속에서 성공하는 것은 극히 일부일 뿐입니다.

어느 분야이건 초창기에는 작은 노력만으로도 큰 부를 얻을 수 있는 기회가 있습니다. 그러나 컴퓨터와 인터넷에 관한 한 이런 기대의 시대는 지나가 버렸습니다.

게임이나 프로그램 개발 작업에 얼마나 많은 사람들이 참여할까요?

집을 지을 때 소수의 설계사와 건축 기사 외에 대부분의 작업은 노동을 하는 사람들이 맡게 됩니다.

마찬가지로 프로그램에 참여하는 수많은 인력 중 대다수는 직업적으로 그저 평범한 단순노동 수준의 활동만 할뿐입니다.

컴퓨터를 전공한 고급 전문인력 조차도 대부분 평범한 작업의 범주를 벗어나지 못하는 평범한 샐러리맨이 될 뿐이지요.

그럼에도 불구하고 우리의 브모들은 아이가 컴퓨터 앞에 앉아 있는 것만으로도 대견해 하고, 실제로 아이가 컴퓨터를 어떻게 활용하고 있는가에 대해서는 무관심한 것이 문제입니다.

인터넷은 유익한가

인터넷을 사람들은 정보의 바다라고 생각합니다.

인터넷을 통해 수많은 정보를 제공받고, 세계를 한 마당으로 축소시켜 주며, 기존의 통신 수단이 이메일로 대체되고 있습니다.

이러한 인터넷이 우리에게 유익한 정보와 보다 나은 삶의 기회를 제공하고 있음은 부정할 수 없습니다. 그러나 동전의 양면처럼 인터넷이 유익한 것만은 아닙니다. 나이어린 아이들에게는 유익함과 마찬가지로 그 유해성이 더욱 크게 부각되고 있습니다.

과거에는 아이들이 자랄 때 유해 환경에 접촉되는 것을 가정과 학교에서 막아 주었습니다. 그리고 유해 정보는 부모와 선생님이 걸러 주었지요.

그러나 인터넷은 유해 환경, 유해 정보를 막고 걸러 주는 보호자와 같은 기능이 없습니다. 그러므로 아직 판단력이 미숙한 아이들은 유해 환경과 유해 정보에 무차별적으로 노출될 수밖에 없지요.

어린 자녀를 둔 부모들이 가장 염려하고 세심한 주의를 기울여야 하는 것이 바로 이러한 유해한 환경과 유해한 정보로부터 아이를 보호하는 것입니다. 인터넷이 유익하다고 하여 인터넷에 접속하여 몰두하고 있는 아이들을 마냥 대견해 하는 시대는 지난 것입니다.

인터넷의 다른 폐해는 익명성으로 인한 무책임한 행동을 야기한다는 것입니다. 상당수의 초등학교 아이들이 학교 홈페이지나 각종 게시판에 거짓된 글을 거리낌 없이 남기고 있습니다.

이처럼 익명성을 악용한 비인간적이고 비윤리적인 행위가 아이들에게 일상화된다면 그 피해는 모두 아이 자신에게 돌아오게 됩니다. 최근에 정보윤리의식이 강조되고 있는 것은 바로 이런 비인간화로부터 아이들 자신을 보호하고자 하는 취지인 것입니다.

인터넷의 또 다른 폐해로 지적되는 것은 인터넷에 빠져 다른 생활에 지장을 주는 것입니다.

'나는 접속한다. 그러므로 나는 존재한다'는 표현과 같이 요즘 아이들은 가상공간의 존재와 끊임없이 연결하는 데서 자신의 정체성을 확인합니다. 그러다 보니 인터넷에 매달려 있는 시간이 점차 늘게 되고, 하루라도 인터넷 접속을 하지 않으면 불안해지기도 합니다.

이제 부모들은 컴퓨터와 인터넷은 마냥 유익한 것이라는 오판에서 벗어나 아이에게 세심한 주의를 기울일 때가 온 것입니다.

인터넷 중독의 예방

인터넷 중독은 인터넷을 사용하는 아이라면 누구나 발생할 수 있는 문제입니다. 그리고 인터넷 중독은 머리가 좋고 가정환경이 좋은 아이들에게서 더 많은 문제가 발생하는 특징이 있습니다.

초등학교 아이들에게 주로 나타나는 인터넷 중독은 게임 중독, 채팅 중독, 음란물 중독이 있으며 이 중 가장 광범위하게 나타나는 것이 게임 중독입니다.

인터넷에 중독 되면 하루라도 인터넷을 하지 않으면 허전하고, 인터넷을 하는 시간이 점점 더 늘어나게 됩니다. 인터넷을 갑자기 중단하면 불안 증세가 나타나 가족이나 주변 사람들과 쉽게 다투게 되며, 온통 인터넷 속의 세상에 대해 생각하게 되지요.

인터넷 중독은 치유 기간이 길고, 비용도 많이 들며 본인과 가족을 고통스럽게 하므로 예방이 중요합니다.

인터넷 중독을 예방하려면 부모들은 자녀들의 인터넷 사용 시간을 하루에 2시간 내외로 조절해야 하며, 제때에 식사하고 자정 전에 잠을 자는 규칙적인 생활 습관을 길러 주고 확인해야 합니다.

또한 현실적이고 친구들과 함께 할 수 있는 취미 생활을 적극 권장해야 하며, 가족이나 친구들과의 교류의 시간을 늘려야 합니다.

아직 초등학교에 다니는 자녀라면 컴퓨터를 거실 등의 공유 공간에 설치하여 컴퓨터가 자녀의 개인전용 컴퓨터가 되지 않도록 해야 합니다. 또한 부모는 우선 아이의 인터넷 접속 동기를 알아야 합니다. 만약, 아이가 그냥 인터넷에서 별 다른 목적 없이 소일하고 있다면 다른 소일거리를 제공해 주어야 합니다.

아이의 인터넷 사용 지도시 가장 중요한 것은 부모가 모범을 보이는 것입니다. 자신은 무계획적으로 컴퓨터를 이용하면서 자녀의 이용시간을 통제한다면 아이는 당연히 반발심리를 갖게 될 것입니다.

아직 어린 나이에 인터넷에 중독 된다면 아이에게 얼마나 큰 제약이 될까요?

순간적으로 아이의 반발이 있더라도 인터넷의 폐해로부터 철저하게 아이를 보호하는 것이 부모의 참된 아이 사랑입니다.

딸을 둔 부모들에게

남자아이들은 게임을 좋아하는 반면 여자아이들은 채팅을 좋아합니다. 채팅 회원의 과반수 이상이 10대 청소년들이 차지할 만큼 채팅은 이미 청소년들에게는 일상화가 되었고, 채팅 하는 연령층도 점점 어려져 초등학교 저학년 아이들도 채팅에 빠져들고 있는 실정입니다.

채팅이 아이들에게 매력적인 이유는 심심하고 괴로울 때 모르는 상대와 부담없이 마음을 열고 대화를 나누면서 심리적 위안을 받을 수 있고, 이성 친구를 쉽게 만날 수 있으며, 야한 이야기로 성적 호기심을 충족시킬 수 있기 때문입니다.

이러한 채팅이 번개(실제 만나는 것)로 발전하기도 하는데, 채팅이 위험한 것은 바로 번개로 발전하는 경우입니다. 이러한 번개로 인하여 여학생들이 피해를 보는 사례는 살인의 경우를 비롯하여 인신매매, 성폭행 등 여성에게는 치명적인 불행의 원인을 제공하기도 합니다.

흔히 부모들은 '설마, 우리 아이는…' 하며 이런 피해 사례를 접하고도 우리 아이에게만은 이러한 불행이 없으리라 낙관하게 됩니다. 그러나 자녀가 초등학교 중학년 이상이 된 딸이라면, 컴퓨터와 인터넷에 몰입해 있는 아이라면 이제 부모는 더 이상 방관자가 되어서는 안 됩니다.

'유비무환'이라, 이제는 아이에게 좀 더 관심을 갖는 부모가 되어 아이의 불행을 사전에 봉쇄할 수 있는 현명한 부모가 되어야 합니다.

다음은 한국컴퓨터 생활 연구소에서 제시한 채팅과 번개로 인한 성폭행의 위험에서 여학생 자녀를 보호하기 위해 선정한 부모가 숙지해야 할 주의사항 10가지입니다.

1. 실제 이름을 밝히지 않는다.
2. 전화번호를 알려 주지 않는다.
3. 학교나 주소를 알려 주지 않는다.
4. 음란 대화방은 참여하지 않는다.
5. 번개를 할 때는 주위에 알리고 친구와 같이 나간다.
6. 번개 장소는 자신이 아는 곳을 정한다.
7. 늦은 시간에 만나지 않는다.
8. 만나서 술을 마시지 않는다.
9. 비디오방, 상대방의 집, 여관에 가지 않는다.
10. 드라이브를 하지 않는다.

아이에게
남이 나에게 베풀어 준 것이
설령 작은 미소에 불과 할지라도
혹은 작은 겸손에 지나지 않더라도
늘 마음으로 감사하게 하세요.
감사하는 마음은 고통과 분노와 고독에서
아이를 구원해 줄 것입니다.

15. 교육단상

- 선생님을 깔보면 내가 돋보이는가?
- 놀이 문화 이대로 좋은가?
- 가족애가 넘친다
- 아이는 부모의 조형물이 아닙니다

선생님을 깔보면 내가 돋보이는가?

어느 여 선생님의 말입니다.

짬을 내서 자기 아이 담임선생님을 만나 뵈러 갔답니다. 교사에서 학부모의 입장이 되어 담임선생님을 만나는데 그렇게 가슴이 떨리더라는 이야기를 합니다.

늘 부모들을 대하던 교사가 같은 교사를 만나러 갔는데 왜 그렇게 떨렸을까요? 그것은 내 소중한 아이의 성장을 도와주는 분이라 생각했기 때문이랍니다.

요즘 학부모들은 어떠한가요?

학교생활의 중요성과 담임선생님의 고마움을 절실하게 느끼는 분도 많이 있겠지만, 아직도 아이의 말만 듣고 담임의 일거수일투족이 맘에 안 들어 아이 앞에서 심한 말로 담임을 매도하는 학부모들이 더러 있습니다.

"그래? 뭐, 그런 선생이 다 있어? 안 되겠군!

니네 선생 혼 좀 나야 정신 차리겠어!"

뭘 어떻게 혼내는 건지… 혼낸다는 게 어떤 건가요? 윗사람이 아랫사람을 훈육상 혼이 나갈 정도의 엄한 방법으로 지도하는 것이 아닌가요?

나이가 더 많은 선생님을 혼낼 수 있는 높고 높은 자랑스런 우리 부모님 발밑에 빌고 있는 가련한 담임의 모습을 떠올리는 아이는 학교에서 선생님의 말을 귀담아 들을 수 있을까요?

이 아이 높고도 존엄하신 제 부모 말도 들을까 말까 한데 부모님한테 툭하면 혼나는 아랫것인 선생님의 말에 들을 가치를 느낀다면 아마 아이는 바보 천치겠지요. 그리고 하찮은 선생님의 말에 귀를 기울이는 다른 아이들은 바보 천치로 보이겠지요.

학교 교육 기간이 아이 성장발달에 얼마나 중요한 시기인가요?

학교는 성인사회의 축소판이므로 교과적 지식 습득은 차치하고 여러 아이들 속에 잘 적응한다는 자체만으로도 아이에게는 소중한 산 경험이 됩니다. 여기에 조정자로서 혹은 안내자로서의 담임의 역할이 추가되어 더욱 효과적이고 구체화되는 것이지요.

이런 소중한 성장 기회의 장에서 이런 저런 사소한 문제로 담임과 학교와 충돌하여 아이에게 교육적으로 득이 될 것이 무엇이 있을까요?

물론 교사도 인간 집단이기에 더러는 지탄받아 마땅한 교사들도 있을 수 있습니다. 이런 부정적인 교사조차 두둔하는 것은 아닙니다.

이런 경우가 아닌 교사의 교육 방법이 나 자신의 생각과 다르고, 내 아이에 대한 관심이 자신의 기대에 못 미친다 하여 사사건건 간섭한다면 어떻게 될까요?

학교에 전화를 하고, 따지고 하는 부모들의 실상은 대부분 사소한 문제가 많고, 그 또한 아이의 거짓말이나 핑계에 기인하는 경우가 많습니다. 어떤 부모는 숙제를 내주지 않는다고 나무라는 경우도 있더군요.

아이는 자신에 관한 한 자기에게 유리하게 말을 합니다. 숙제하기 싫은 아이는 숙제가 없다고 할 것이고, 친구와 다투어 선생님께 혼난 아이는 다툼의 원인이 상대에게 있고, 선생님은 상대 아이를 편애한다고 말을 할 것입니다. 이런 아이의 말을 그대로 믿어야 할까요?

아이 생활에 많은 부분 영향을 미치는 담임을 믿지 않는 부모, 툭하면 아이 앞에서 담임 흉이나 보고 심하게 매도하는 부모 밑에 자란 아이는 과연 어떻게 될까요?

그런 경우 교사로서의 가장 최선의 방법은 그 아이에게서 눈을 떼는 것입니다. 사사건건 매도당하면서, 건드리면 건드릴수록 격한 감정만 쌓인다면… 무관심이 서로가 편하지 않을까요?

간혹 '우리 아이는 설사 잘못 하더라도 때리지 마세요. 집에서도 손 한 번 안 된 아이에요' 하는 학부모도 있습니다.

요즘 학교에서 누가 아이를 심하게 때리는 교사가 있던가요?

고작 자 등으로 손바닥이나 몇 차례 때릴 뿐인데….

그런데 절대 때리지 말라고…. 유독 그 아이만….

집에서도 손 한 번 안 된 귀한 아이!

왕자, 공주로 귀하디귀하게 키운 아이!

어찌, 40명씩 우글거리는 열악한 공교육 기관에 아이를 맡길 수 있을까요? 그래서 남의 나라로 이민 가고, 조기 유학 간다고?

더 잘난 부모나 아이들도 잘 적응하는데….

교육 효과는 적어도 이삼십 년 후에나 나타납니다.

과연 악조건이라 하여 다른 아이들이라고 다 적응하는 그런 생활에 적응하지 못하는 아이나, 툭하면 학교로 찾아와 간섭하는 잘난 부모 밑에 자란 아이라면 이삼십 년 후의 아이의 모습은 어떠할까요?

놀이 문화 바뀌어야 합니다

놀이란 무엇인가요?

놀이란 인간의 존재 양식을 결정짓는 삶의 중요한 양식입니다.

아이들에게 놀이란 어떤 역할을 할까요?

놀이는 아이들의 관계를 자연스럽게 맺어 주는 매개의 역할을 합니다. 또한 놀이는 아이의 성격 형성에도 영향을 끼칩니다. 절대적이지는 않겠지만 아이는 놀이를 통해 사교성과 양보성, 집중력과 적극성, 인내심 등을 배우게 됩니다.

최근 들어 아이들의 놀이 문화가 『사람과 사람』 사이에서 이루어지는 놀이 문화에서 『사람과 기계』 사이에서 이루어지는 놀이 문화로 바뀌고 있습니다.

문화이기(文化利器)들의 발달은 인간에게 혼자 즐길 수 있는 놀이 문화를 제공하게 되었으며, 이러한 경향은 가히 폭발적이어서 이미 십대들에게는 '중독'이라는 반대급부를 제공하고 있습니다.

　최근 컴퓨터 게임, 인터넷 게임, 채팅, TV 등이 순기능 못지않게 역기능이 사회문제로 이슈화되고 있는데, 여기서는 '교우관계'의 측면에서 접근해 보고자 합니다.

　인간은 사회적 동물이므로 혼자서는 살아 갈 수가 없습니다. 그러므로 필연적으로 대인관계가 형성되며, 가정 및 학교교육의 중요한 목표 중의 하나가 이러한 '대인관계'의 기술을 배우고 경험하게 하는 것입니다.

　아무리 문화가 발달해도 인간과 인간과의 관계에서 기계가 인간을 대신할 수는 없으며, 설사 가능하더라도 기계가 인간을 대신해서는 안 됩니다.

　앞서 21세기는 대인관계 지수인 N.Q가 성공과 행복의 중요한 잣대가 될 것이라 했습니다.

　어려서부터 '인간과 기계'의 관계 속에 묻혀 성장하는 어린이라면 그 아이의 인간관계는 불을 보듯 뻔하지 않을까요?

　이제, 우리 아이들을 사람과 기계와의 놀이에서 사람과 사람과의 놀이

문화 공간으로 이끌고 나와야 합니다.

어려운 문제가 아닙니다.

그것은 컴퓨터 세대 이전, 십수 년 이전의 놀이문화, 바로 현재 아이의 부모들이 즐기던 옛 놀이문화로 다시 회귀하는 것입니다.

시대에 뒤떨어진, 구태의연한 발상이라고 생각할 수도 있겠지요. 그러나 컴퓨터 속에서, 가상의 공간에서, 현실과 괴리된 채 밤을 꼬박 새우는, 점점 비인간화되어 가는 청소년들을 보면서도 어린 자녀들에게 똑같은 길을 열어 주겠습니까?

급속도로 변해 가는 정보화 시대에서 이런 류의 놀이 자체를 부정하려는 것이 아닙니다. 다만 지나침이 없도록 제한하여 놀이 시간과 비중을 줄여서 그 여분의 시간과 정력을 인간과 인간의 놀이를 통해 인간관계 개선에 투자해야 한다는 것입니다.

인터넷 붐이 일어 난 것이 고작 십수 년인데 이렇듯 심각한 상황이라면 인터넷에 몰입해서 성장한 아이들의 십수 년 후의 인간관계는 어떠할까요?

최근 들어 각급 학교(특히, 초등학교)에서 '민속놀이'에 대한 인식을 달리하고 전통놀이를 현대에 재조명 하고자 하는 노력이 바로 이런 비인간화 되어 가는 청소년들을 보호하고자 하는 취지입니다.

밖에 나가서 놀 필요를 못 느끼고, 컴퓨터에 몰입해 있는 아이를 컴퓨터 앞에서 내몰아 친구와 어울리게 하고, 부모 형제와 함께 어울려 놀게 하여야 합니다.

놀이는 인간관계, 특히 아이들의 교우관계를 돈독히 하는 중요한 수단입니다. 친구가 필요 없이 혼자 할 수 있는 놀이에서 친구와 함께 하는, 인간화된 놀이로 아이를 변화시키는 것은 중요하고 시급한 문제입니다.

가족애가 넘친다

> 잉잉… 울 엄마한테 일러 줄거야! 잉잉…
> 니네 엄마가 누군데?
> 울 엄마도 몰라? 울 엄마 조폭이잖아.
> 울 엄마가 알면 니들은 죽어…

일선 학교 현장에서 흔히 접하는 것이 형제간 편들기입니다.

3학년 남동생이 친구들과 싸우거나 맞았다면, 5학년 누나는 번개 같이 나타나 상대를 윽박지르거나 주먹질을 하지요.

이런 누나에겐 죄의식, 이런 건 애초에 존재하지도 않습니다. 오히려 형제간의 우애를 발휘했으므로 스스로 뿌듯해 할 것입니다. 이런 경우 가정에서 '동생이 맞고 다니는데 넌 뭐 하니?' 하는 등 형제간의 우애를 은근히 부추긴다면 누나는 더더욱 기승을 부리겠지요.

그 형제애의 결과는 어떻게 될까요?

당연히 3학년 동생은 학급에서 소외되겠지요.

누가 겁도 없이 그 아이와 놀겠습니까?

까딱 잘못하면 번개같이 나타나는 아이 누나에게 당할게 뻔한데….

그러면 아이는 스스로 같이 어울려 줄 아이들을 찾아 나서게 됩니다. 아이는 친구가 필요하고, 다른 아이들은 거리를 두고, 그 괴리감은 결국 아이에게 시비 거리를 제공하게 되고, 아이들과 다툼이 잦아지게 되지요.

5학년 누나야 동생 편을 들어야 된다는 생각뿐이지….

이렇듯 자기 동생을 소외하게 되는 원인을 자신이 제공하고 있다는 사실을 알 턱이 없지요. 아직, 어린애일 뿐이니까.

결국 그 아이는 어떻게 될까-요?

요즘 학교 현장에서는 보다 더 기가 막힌 일들이 숱하게 목격되는데, 바로 누나의 철없는 행동을 부고가 나서서 몸소 실천하는 진한 가족애가 바로 그것이지요. 참 어이없게도 제 아이와 상대 아이를 불러 놓고, 제 아이 앞에서 인상 써 가면서 멋지게 상대 아이에게 겁을 줍니다. 제 아이는 그 옆에서 흐뭇해 하고 있고요.

혼쭐난 상대 아이가 정말 그 아이 엄마보다도 철들었기에 망정이지 똑같이 철없이 제 부모에게 이른다면 가족 전쟁(?), 불 보듯 뻔하지 않을까요?

아이보다 철없는 부모라면 너무 심한가요?

아이들끼리의 문제는 아이들 스스로 해결하는 것이 최선의 방법입니다. 아주 심한 경우가 아니라면 어느 정도의 부정적인 자극이나 껄끄러운 관계도 적응하는 법을 배워야 하는 것이 아이의 과제이며, 바로 공교육의 장점인 것입니다.

이러한 학교 사회에서의 원만한 인간관계야말로 성인사회에서의 성공한 대인관계의 밑거름이 되는 것이지요.

흔히 학부형들은 제 아이의 말을 진실로 받아들이는 경향이 있습니다. 아이의 말만 듣고 학교로 냅다 쳐들어와 고성을 지르다 아이의 거짓이 들통 나 목소리를 낮추는 저돌형의 엄마들을 자주 보게 됩니다.

거짓말이라고 나무랄 정도는 아니더라도 아이들은 대부분 스스로 자신에게 불리한 진술은 하지 않는 경우가 많습니다. 그냥 순간적으로 부모에게 들을 잔소리와 나무람이 겁나 자기에게 유리하게 말하게 되는 것이지요.

이런 아이의 말만 듣고 제 편을 들어주는 철없는 엄마의 행동에 지금 아이는 웃고 있지만…. 결국 아이는 울게 될 것입니다.

현명한 부모라면 과연 어떤 선택을 해야 될까요?

아이는 부모의 조형물이 아닙니다.

아이와 부모의 눈에 보이지 않는 갈등의 원인은 부모의 일방적인 의사 결정에 기인하는 경우가 많습니다.

자녀교육에 관한 한 부모의 의사가 최우선적으로 결정 요인이 되고 자녀의 의사는 무시되는 것이 우리의 현실입니다.

가끔 자녀 문제로 학교를 찾아와 대화를 나누는 학부모들이 있습니다.

"우리 아이 학원에 좀 보내려 하는데, 어떤 학원이 좋을까요?"

"글쎄요? 아이는 뭘 하고 싶어 하는데요?"

"아이가 뭘 원하냐구요? 아이가 뭘 알아요?

부모가 아이 장래를 위해 잘 선택해서 이끌어 주어야지요?"

참 어이없는 일입니다.

아이의 개성이나 재능, 취미 등은 아예 고려 대상이 아닌 것입니다.

어느 것이 더 좋은가는 사회적 판단과 부모의 판단만이 고려되는 것이지요. 그러다 보니 학원도 유행을 타게 됩니다.

한동안 컴퓨터가 미래의 성공 요소라 생각한 부모들이 아이들을 컴퓨터 학원으로 몰아넣었지요.

여자아이라면 무조건 피아노…, 중국이 뜨는가 싶으니 한문 공부에 열을 올리고….

우리가 아는 성공한 사람들 중에 어려서 부모의 반대에 부딪쳐 궤도 수정을 할 뻔한 사람들이 얼마나 많습니까?

아마 그 성공은 어린 나이에 부모의 반대를 버틸 수 있었던 의지, 그때 이미 성공은 예고되었는지도 모르지요.

아이들도 개성을 가진 인격체입니다. 그러므로 누구나 자신만의 특질을 갖고 있습니다. 그 특질을 찾는 노력이 바로 부모의 몫인 것입니다.

담임과의 상담이 필요한 것은 바로 아이의 특질을 찾기 위한 방법의 하나인 것이지요.

아이는 부모의 조형물이 아닙니다.

아이는 부모가 원하는 데로 만들어 가는 것이 아닙니다.

부모는 다만 아이가 스스로 가꾸어 가도록 도와주는 조력자일 뿐입니다.

축하드립니다.

이 책을 통해

아이와 눈을 맞추고

아이의 생각을 읽어주고

아이의 세상을 이해하게 된 당신은

이제 부모의 자격을 갖추었습니다.

그러나 자격만으로는 훌륭한 부모가 될 수 없습니다.

훌륭한 부모의 또 다른 조건은

변하지 않는 아이에 대한 배려와 사랑의 실천입니다.

부 록

'주 5일 수업제' 아이에겐 기회입니다
1. 나의 발견
2. 사랑하는 가족
3. 자연 속에서
4. 더불어 사는 세상
5. 동심의 세계
6. 다양한 독서 후 활동
7. 자기 주도적 학습능력을 키우는 조사학습
8. 재미있는 실습
9. 의미 있는 수집활동
10. 직접 보고 배웁니다
11. 만드는 즐거움
12. '사이버 가정학습'을 적극 활용합니다

'주 5일 수업제' 아이에겐 기회입니다

우리나라도 이제 일주일에 5일만 일을 하고 가족이 함께 주말을 보내며 행복한 시간을 갖는 '주 5일제'를 시행하게 됩니다. 이러한 새로워지는 사회모습에 따라 학생들도 일주일에 5일만 학교에서 생활하게 되지요.

이는 선진국에서 이미 실시하고 있는 제도로서 보다 행복한 삶을 누리고자 하는 사람들의 바램입니다.

2007년 주 5일 수업제 전면시행 방침에 대부분의 부모들은 벌써 걱정이 앞섭니다. 아이들 학력 저하가 걱정되기도 하고, 아이들의 시간 관리가 걱정되기도 하지요. 또한 부모는 아이로부터 헤어나지 못하는 부담스런 날이 주 1일 늘어났다고도 걱정을 합니다.

그러나 어찌 보면 아이에게는 학교 교육에서 잠시 물러나 자신만의 산 교육에 몰두할 수 있는 좋은 기회가 될 수 있습니다.

다음에 소개하는 주 5일 수업에 대비한 '나 홀로 프로그램'은 가정에서 주 5일 수업의 취지에 걸맞게 누구나 쉽게 할 수 있는 활동들을 소개한 것입니다. 가정에서의 효율적인 나 홀로 프로그램의 운영은 아이에게는 오히려 좋은 기회가 될 것입니다.

1. 나의 발견

- 나의 출생에 대해 알아보기
  - 생일, 태어난 곳, 나의 출생에 대해 부모님께 듣기
- 나의 어린 시절 사진첩 만들기
- 나의 뿌리 알아보기
  - 본관 및 시조, 조상, 조부모님, 부모님 알기
- 나의 장단점 알아보기
  - 부모님, 선생님, 친구로부터 칭찬 받은 일 회상하기
  - 부모님, 선생님, 친구로부터 충고 받은 일 회상하기
  - 주위 사람들로부터 자신의 장단점 들어보기
- 나의 하루 생활계획 세우기
- '나의 소개' 글과 그림으로 만들기
- 가장 기억에 남는 생일 떠올리기
- 나의 주5일 휴업일 활동 계획 세우기
- 나의 친구들 소개하기
- 나의 미래 직업 탐색
- 20년 후의 나의 모습 그리기
- 내가 존경하는 10인 표 만들기
  - 인물명, 시대, 태생, 업적, 존경하는 이유 등
- '나' 마인드 맵으로 소개하기
- 내가 평생에 꼭 하고 싶은 10가지 소개하기
- 나의 취미와 특기를 찾아서 소개하기

2. 사랑하는 가족

- 가족 소개하기
  — 나이, 생일, 직업, 특기, 버릇 등
- 가장 기억에 남는 가족 행사
- 부모님께 감사 마음 전하기(편지)
- 부모님 전기문 만들기
- 부모님 역할 해 보기
- 가족 노래 및 가훈 만들기
- 가족 신문 만들기
- 부모님 직장 체험
- 우리 가족에게 생긴 일
  — 가장 기뻤던 일과 가장 슬펐던 일
- 가족 모습 그려보기
- 가족의 별칭 지어 주기
- 가족에 관한 신문기사 스크랩하기
- 가족의 여러 가지 형태 알아보기
- 가족 사진첩 만들기
- 우리 집 가계도 그리기
- 집안일 해보고 부모님께 편지 쓰기
- 가족 모습의 특징을 찾아 동물 캐릭터로 만들기
- 가족에게 사랑의 카드 만들어 보내기
- 부모님 전기문 만들기

3. 자연 속에서

- 사물과의 대화 글 만들기
- 집 주위에서 볼 수 있는 나무 조사하기
- 계절별로 피는 꽃 알아보기
- 여름(가을)에 생산되는 과일 알아보기
- 우리나라의 국립공원 알아보기
- 우리 고장의 산과 하천
- 백두대간과 14정맥 알아보기
- 내가 좋아하는 동물 그리기
- 환경오염의 종류, 원인, 피해 알아보기
- 환경 보전을 위한 나의 다짐
- 환경 보전에 관한 표어, 포스터 그리기
- 환경 기사 스크랩하기
- 환경 관련 인터넷 사이트 검색하기
- 우리 마을 환경 보고서 만들기
- 자연이 인간에게 주는 혜택 알아보기
- 야생화 관찰하고 세밀하게 그리기
- 동물의 소리 말과 글로 표현하기
- 계절별 별자리 및 별자리에 얽힌 이야기 알아보기
- 계절에 따라 변하는 자연의 모습(산, 들, 식물)
- 계절을 극복하는 인간의 지혜 알아보기
- 주변에서 쉽게 접하는 자연물 목록 만들기

4. 더불어 사는 세상

- 우리 고장을 돕는 사람들 알아보기
- 우리 고장을 빛낸 사람들 알아보기
- 우리 고장의 역사 알아보기
- 우리 고장의 동네 이름 및 이름의 유래 알아보기
- 우리 고장의 문화재 조사하기
- 우리 고장의 미래 모습 표현하기
- 우리 고장에 전해 내려오는 이야기 알아보기
- 우리나라 꽃 무궁화 그려보기
- 애국가 4절까지 써보기
- 태극기 그리기
- 올림픽의 역대 개최지 알아보기
- 역대올림픽에서 우리나라의 성적 알아보기
- 월드컵의 역대 개최지 알아보기
- 2002 월드컵의 참가국과 성적
- 2006 독일 월드컵 참가국 조사하기
- 역대 월드컵에서의 우리나라 성적 알아보기
- 세계 여러 나라의 수도 알아보기
- 세계 여러 나라의 인구 밀도 알아보기
- 우리 마을 그림지도로 나타내기
- 우리나라의 시도별 인구 및 남녀 비율 알아보기
- 농촌과 어촌, 도시의 모습 비교하기

5. 동심의 세계

- ▶ 교과서에 나오는 동시 쓰고 외우기
- ▶ 봄, 여름, 가을, 겨울을 주제로 동시 쓰기
- ▶ 계절을 주제로 그림 그리기
- ▶ 우리 주위에 의인화 된 표현 찾아보기
- ▶ 노래 가사 바꾸어 부르기
- ▶ 내가 좋아하는 동시 모음집 만들기
- ▶ 자연의 소리(바람, 계곡, 동물의 소리 등) 표현하기
- ▶ 자연(산, 나무, 애완동물 등)에게 편지 쓰기
- ▶ 가족 이름으로 삼행시 짓기
- ▶ '끝말 이어가기' 놀이하기
- ▶ 별자리에 얽힌 이야기 글로 써 보기
- ▶ 부모님께 옛날이야기 듣고 느낌 쓰기
- ▶ 우리나라의 건국신화 알아보기
- ▶ 꽃말과 꽃말의 유래 알기
- ▶ 동물 이름으로 짧은 글 짓기
- ▶ 우리 고장의 전설 글로 표현하기
- ▶ '산새'가 되어 하고 싶은 말 글로 표현하기
- ▶ 내가 알고 있는 나무 이름 모두 적어보기
- ▶ 동물을 주제로 한 동화 모두 적어 보기
- ▶ 수수께끼 놀이하기
- ▶ '외계인'을 주제로 만화 그리기

6. 다양한 독서 후 활동

- 독서 감상문 쓰기
- 독서 기록장 쓰기
- 가장 감명 깊었던 장면 상상하여 그리기
- 주인공 상상하여 그리기
- 책갈피 꽂이 예쁘게 만들기
- 독서 표어, 포스터 그리기
- 책 광고 만들기
- 친구에게 독서 엽서(편지) 쓰기
- 주인공에게 편지 쓰기
- 지은이에게 편지 쓰기
- 우리 가족 독서 신문 만들기
- 도서관 찾아가서 책 찾아보기
- 서점에서 책 사보기
- 책이름으로 독서 퍼즐 만들기
- 내가 읽은 책 마인드맵으로 표현하기
- 부모님과 독서 토론하기
- 동화 주인공과의 대화 만화로 표현하기
- 책이름으로 스무고개 만들기
- 가족끼리 서로 권하고 싶은 책 찾아 선물하기
- 이야기 다시 쓰기
    — 인물의 성격이나 성별, 시대, 장소를 바꿔서

7. 자기 주도적 학습 능력을 키우는 조사 학습

- ▶ 우리 집 생활 도구 조사하여 종류별로 분류하기
- ▶ 우리 고장 사람들의 자연 이용 모습 조사하기
- ▶ 직업의 종류 조사 및 미래에 새로 생길 직업
- ▶ 옛날과 오늘날의 물건 비교 조사하기
- ▶ 우리 고장의 여러 기관의 하는 일 조사하기
- ▶ 우리 고장의 계절별 날씨 특징 조사하기
- ▶ 우리 고유의 명절과 풍속 조사하기
- ▶ 우리 고유의 전통 의상과 장신구의 쓰임 조사하기
- ▶ 여러 가지 곤충의 한살이 조사하기
- ▶ 외래어 조사 및 외래어에 맞는 우리말 찾기
- ▶ 우리말과 북한 말의 조사
- ▶ 순수 우리 옛말 조사하기
- ▶ 단위를 나타내는 순수 우리말 조사하기
- ▶ 다양한 직업에 종사하는 사람들과 면담하기
- ▶ 다양한 동물의 평균 수명 조사하기
- ▶ 나의 칼로리 섭취량과 소모량 조사하기
- ▶ 태양계에 대해 자세히 조사하기
- ▶ 동식물이 겨울을 나는 모습 조사하기
- ▶ 역대 노벨 평화상 수상자와 업적 조사하기
- ▶ 세계 여러 나라의 국토 면적과 인구 조사하기
- ▶ 세계 여러 나라의 특별한 기후 조사하기

8. 재미있는 실습

- 집 안, 집 앞 청소하기
- 자기 양말 손으로 빨아보기
- 만화 영화 보고 주인공 그려보기
- 가족이나 친구들과 등산하기
- 가족사진 직접 찍어보기
- 부모님 안마 해드리기
- 친척집 혼자 방문해 보기
- 시장 가서 필요한 물건 직접 사보기
- 컴퓨터로 초대장 만들기
- 은행에 가서 예금통장 만들기
- 붓글씨로 가훈 써보기
- 라면 직접 끓여 먹기
- 씨앗 심어 가꾸어 보기
- 지금까지의 담임선생님 모습 그리기
- 부모님께 다과상 차려 내기
- 민속놀이(팽이치기, 연날리기, 민속 그네 타기 등)
- 우리 집 쓰레기 분리수거하기
- 미니 홈피 만들어 소개하기
- 쌀 씻어 저녁밥 짓기
- 혼자서 대중교통을 이용 목적지 다녀오기
- 하루 동안 엄마일 대신 해보기

9. 의미 있는 수집활동

- ▶ 상표 수집하기
- ▶ 들에 있는 풀 모아 스크랩하기
- ▶ 나뭇잎 모으기
- ▶ 여러 가지 씨앗 수집해 분류하기
- ▶ 우표 모으기
- ▶ 책 광고 문안 스크랩하기
- ▶ 예쁜 조약돌 모으기
- ▶ 우리 문화재 사진자료 모으기
- ▶ 우리 민속 공예품 및 사진 모으기
- ▶ 계절별로 일기예보 스크랩하기
- ▶ 계절별로 피는 꽃 사진 스크랩하기
- ▶ 동물 사진첩 만들기
- ▶ 세계의 풍속 사진 모으기
- ▶ 연도별 크리스마스 씰 모으기
- ▶ 다양한 화폐 모으기
- ▶ 만화 캐릭터 모으기
- ▶ 내가 좋아하는 분야의 인물 사진 모으기
- ▶ 다양한 박물관 소개 자료 모으기
- ▶ 예쁜 조개껍데기 모으기
- ▶ 각 고장의 마스코트 사진 모으기
- ▶ 눈에 띄는 기발한 광고 모아 스크랩하기

10. 직접 보고 배웁니다

- 우리 고장의 공공기관 혼자서 가보기
- 동물원, 식물원, 수목원, 박물관 가기
- 우리 고장의 유적지 탐방
- 방송국 견학하기
- 연극이나 영화 관람하고 감상문 쓰기
- 우리 고장의 산업 현장 견학하기
- 부모의 일터 견학하기
- 우리 고장의 유명한 산 등산하고 느낌 쓰기
- 우리 고장의 문화 축제 참여하기
- 연주회나 음악회 관람하고 감상문 쓰기
- 미술관 견학 및 소감문 쓰기
- 도서관에서 4시간 이상 책 보기
- 시장 견학 후 파는 물건 종류별로 분류하기
- 백화점(대형 마트)에서 파는 물건 둘러보기
- 만원으로 서점에서 사고 싶은 책 직접 사보기
- 영화 촬영장 견학하기
- 친구 집 방문하여 우리 집과 다른 점 찾아보기
- 부모님과 복지시설 방문하여 봉사하기
- 국립 중앙박물관 견학하기
- 민속 재래시장 돌아보고 느낀점 쓰기
- 유명 사찰 및 성지 답사하기
- 국(공, 사)립 과학관 견학하기

11. 만드는 즐거움

- ▶ 종이비행기 접어 날려보기
- ▶ 종이학 등 종이로 여러 가지 모양 접어보기
- ▶ 폐품 이용하여 장난감 만들기
- ▶ 연 만들어 날려보기
- ▶ 찰흙으로 자기 얼굴 만들기
- ▶ 여러 가지 재료로 장식품 만들기
- ▶ 부모님 도와 음식 만들기
- ▶ 움직이는 장난감 만들기
- ▶ 아크릴로 연필꽂이 만들기
- ▶ 나무젓가락 100개로 탑 만들기
- ▶ 못 쓰는 헝겊으로 인형 만들기
- ▶ 폐품 이용하여 쓸모 있는 것 만들기
- ▶ 크리스마스(생일) 카드 만들기
- ▶ 찰흙으로 그릇 만들기
- ▶ 무나 고구마로 동물 형체 조각하기
- ▶ 색종이로 옷(장신구) 만들기
- ▶ 집안 행사 안내장 만들기
- ▶ 여러 가지 재료로 내가 살고 싶은 집 꾸미기
- ▶ 골판지를 이용해 필통 만들기
- ▶ 다양한 재료로 저금통 만들기
- ▶ 지점토로 탈 만들기

12. '사이버 가정학습'을 적극 활용합니다

사교육비 경감과 학력 신장을 위해 2004년부터 준비해 온 '사이버가정학습'이 전 시도교육청별로 2005년부터 본격적인 시행에 들어갔습니다.

사이버가정학습은 학습자 스스로 학교수업을 보충할 수 있도록 지원하는 인터넷 기반의 학습서비스를 말하며, 학교 공부와는 별도로 학습관리시스템(LMS)을 통해 수강관리, 진도관리 등이 이뤄지며 학습 후 학력진단 서비스와 질의·응답 서비스도 이뤄집니다.

각 교육청에서 실시하는 사이버 가정학습은 알찬 교육, 교육의 기회 균등을 목표로 사교육비 절감 차원에서 추진하고 있는 무료 인터넷 교육 서비스입니다.

학원에 가지 않고도 학교에서 배운 내용을 보충할 수 있습니다. 언제, 어디서나, 누구나 다양한 학습 컨텐츠로 수준에 맞게 공부 할 수 있으며 사이버 상에서 선생님의 지도도 받을 수 있습니다.

'주 5일 수업제'에서 아동의 시간관리에 부담을 느끼는 부모, 학력 저하가 걱정스러운 부모들을 자녀에게 적극 활용하도록 권장합니다.

각 시도교육청별 사이버 가정학습 사이트

시도 교육청	사이트
서울	www.kkulmat.com
부산	cyber.busanedu.net
대구	estudy.dgedu.net
인천	cyber.edu-i.org
광주	www.gedu.net
대전	www.djstudy.or.kr,
울산	ulsanedu.go.kr
강원	gcc.keric.or.kr
경기	danopy.kerinet.re.kr
충북	www.cyberedunet.or.kr
충남	cell.cise.or.kr
전북	cyber.cein.or.kr
전남	cyber.jneb.net
경북	cschool.gyo6.net:8888/
경남	lms.gnedu.net
제주	cyberstudy.edujeju.net

자녀교육 사랑만으로는 부족해요

1쇄 찍음 / 2006년 2월 10일
1쇄 펴냄 / 2006년 2월 15일
2쇄 펴냄 / 2006년 7월 20일

지은이 / 윤화중
펴낸이 / 김태봉
편 집 / 황은진, 김주영, 이준혁
삽 화 / NAMU
영 업 / 박상필, 김미란
등 록 / 제5-213호
펴낸곳 / **한솜미디어**

주소 / (우143-200) 서울시 광진구 구의동 243-22
전화 / (02)454-0492, 팩시밀리 (02)454-0493
HomePage http://hansom.co.kr
E-mail hansom@hansom.co.kr

값 9,000원

ISBN 89-5959-020-7
*잘못 만들어진 책은 구입하신 서점에서 친절하게 바꿔드립니다.